句型High客：我的句型遊戲書

（第三版）

孟瑛如、范姜雅菁、邱佳寧、簡吟文、楊佩蓁　著

作者簡介

孟瑛如

學歷：美國匹茲堡大學特殊教育博士
　　　美國匹茲堡大學教育輔導碩士

現職：國立清華大學特殊教育學系教授兼特殊教育中心主任

專長：學習障礙、情緒行為障礙

范姜雅菁

學歷：國立新竹教育大學特殊教育學系

現職：新竹市舊社國小資源班教師

邱佳寧

學歷：國立彰化師範大學特殊教育研究所碩士

現職：新竹市南寮國小資源班教師

簡吟文

學歷：國立彰化師範大學特殊教育研究所博士候選人
　　　國立新竹教育大學特殊教育研究所碩士

現職：新竹市南寮國小資源班教師

楊佩蓁

學歷：國立新竹教育大學特殊教育研究所碩士

現職：國立清華大學特殊教育學系有愛無礙團隊專任助理

這是________________________________的遊戲書

我從______年______月______日開始使用這本書

目次

附件

本書附有下列兩種PDF檔案，請上心理出版社網站（http://www.psy.com.tw）的下載區下載。（解壓縮密碼：9789861917993）

一、句型和修辭教學參考答案

第3頁參考答案	第4頁參考答案	第5頁參考答案	第16頁參考答案
第20頁參考答案	第25頁參考答案	第65頁參考答案	第66頁參考答案
第70頁參考答案	第77頁參考答案	第80頁參考答案	第83頁參考答案
第85頁參考答案	第87頁參考答案	第90頁參考答案	第113頁參考答案
第124頁參考答案	第125頁參考答案	第135頁參考答案	第138頁參考答案
第139頁參考答案	第142頁參考答案	第143頁參考答案	第144頁參考答案
第145頁參考答案			

二、九大句型關聯詞分類表

一、語詞篇

㈠認識詞性：名詞、動詞、形容詞等

㈡分類語詞：人物、時間、地點、活動、感受

㈢語詞組合練習

(一)認識詞性：名詞、動詞、形容詞等

詞性	說明	舉例
1. 動詞	表示動作、活動。	打球、跑步、看書、跳舞。
2. 名詞	表示名稱，例如：人物、地點、時間、事物等，都是名詞。	爸爸、媽媽、警察、醫生、公園。
3. 形容詞	用來形容名詞和代詞，例如：感受。	快樂、緊張、難過、害怕。
4. 副詞	用來修飾形容詞、動詞跟副詞自己。(「~地」為副詞)	快樂地跳舞、漸漸地消失。
5. 數詞 6. 量詞	表示數目的多少和順序的先後之詞。	一顆蘋果、二朵花、三隻狗、四個人、三哥、四弟。
7. 連接詞	連接二個以上的詞、句子。	和、與、及、與其……不如……、雖然……但……。
8. 嘆詞	表達情感、呼喚、回應等。	唉、啊、哇。

日期：＿＿年＿＿月＿＿日

(二)分類語詞：人物、時間、地點、活動、感受

請將名詞寫「1」、動詞寫「2」、形容詞寫「3」。

				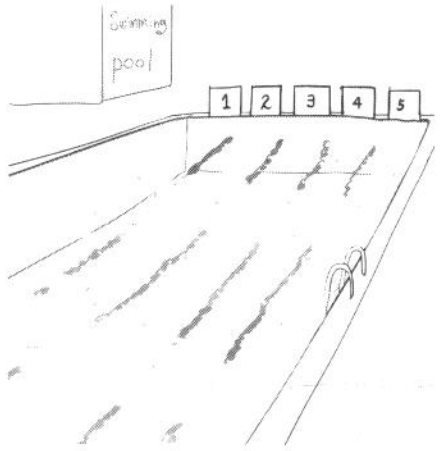	
弟弟（　）	奶奶（　）	市場（　）	歌星（　）	游泳池（　）	醫院（　）

操場（　）	中秋節（　）	教師節（　）	聖誕節（　）	端午節（　）	生氣的（　）

難過的（　）	緊張的（　）	快樂的（　）	疲累的（　）	農夫（　）	看書（　）

打球（　）	唱歌（　）	玩沙（　）	寄信（　）	游泳（　）	拍照（　）

日期：＿＿＿年＿＿＿月＿＿＿日

請在每一題中，將不同類別的語詞（　）內打「✓」，例如：聖誕節、清明節、春節都是「時間」，老師是「人物」，所以老師是不同類別，要打「✓」。

例題	1	2	3	4	5	6
 聖誕節（　）	 早上（　）	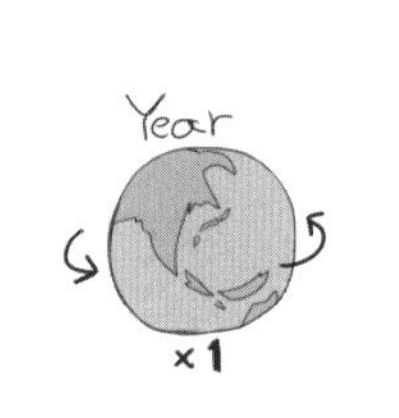 年（　）	 爸爸（　）	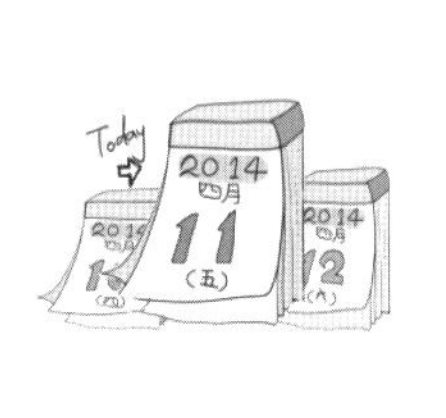 今天（　）	 農夫（　）	 老師（　）
 清明節（　）	 晚上（　）	 月（　）	 中午（　）	 昨天（　）	 秋天（　）	 公園（　）
 春節（　）	 中午（　）	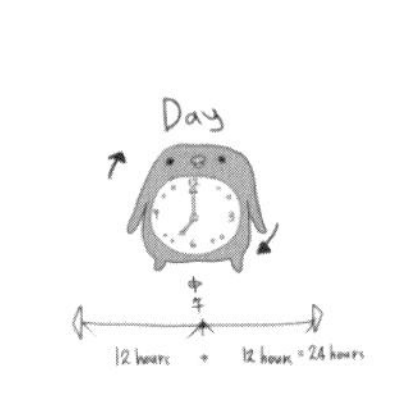 日（　）	 姊姊（　）	 快樂（　）	 春天（　）	 護士（　）
 老師（✓）	 工作（　）	 媽媽（　）	 媽媽（　）	 明天（　）	 夏天（　）	 軍人（　）

14	13	12	11	10	9	8	7
 害怕（　　）	 教室（　　）	 海邊（　　）	 生氣（　　）	 家（　　）	 快樂（　　）	 買菜（　　）	 工人（　　）
 工作（　　）	 警察（　　）	 公園（　　）	 難過（　　）	 客廳（　　）	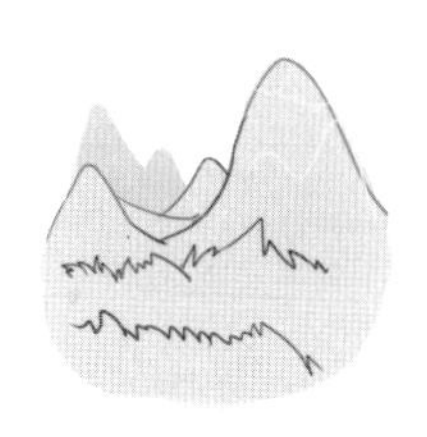 山上（　　）	 寄信（　　）	 春天（　　）
 看書（　　）	 漁夫（　　）	 打球（　　）	 端午節（　　）	 爺爺（　　）	 海邊（　　）	 工作（　　）	 農夫（　　）
 寄信（　　）	 軍人（　　）	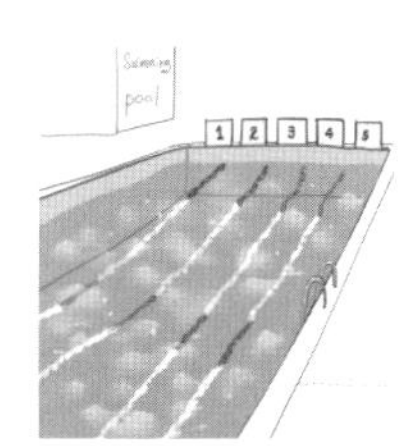 游泳池（　　）	 快樂（　　）	 房間（　　）	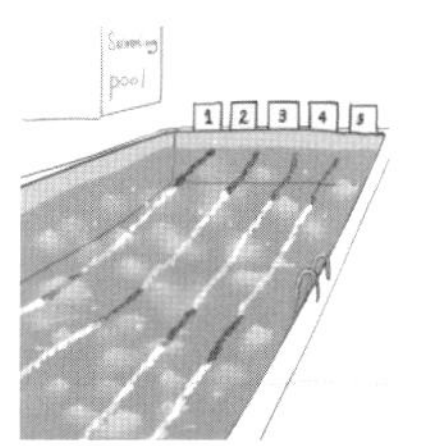 游泳池（　　）	 生氣（　　）	 警察（　　）

(三) 語詞組合練習

請看圖說出或寫出一個句子。

日期：＿＿年＿＿月＿＿日

例題

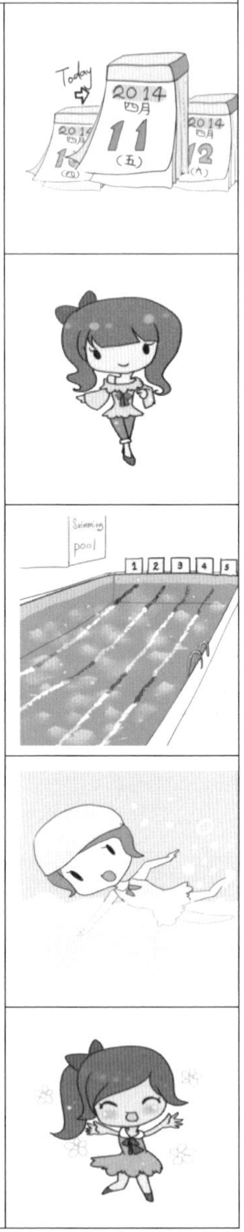

今天我和姊姊一起去游泳池游泳，很開心。

1

2

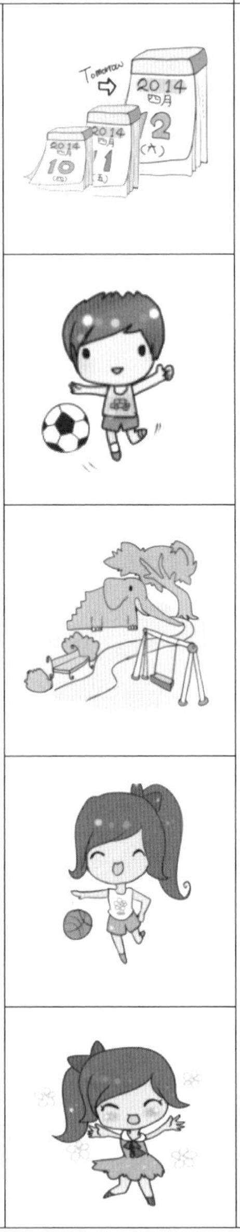

3

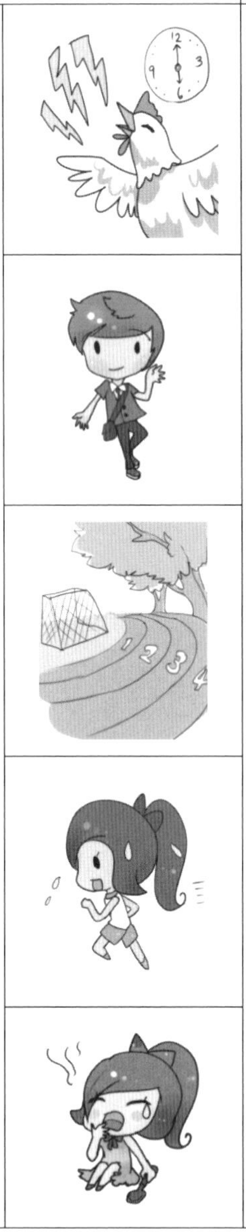

4

10	9	8	7	6	5
			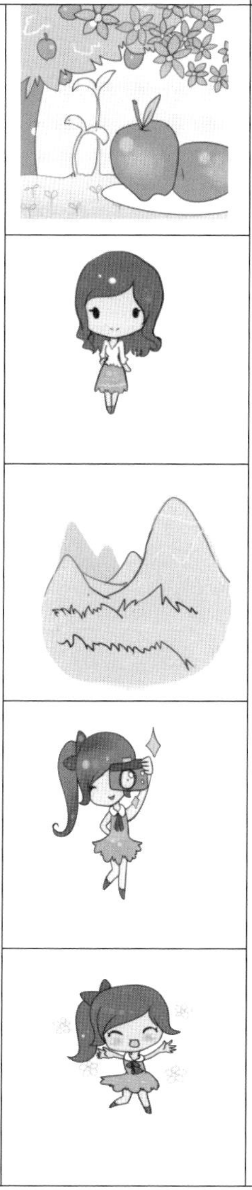		

Tomorrow
2014
四月
12
11
10
Post
Post
Post

Today
2014
四月
11
12
(五)

Week (7days)
五月
A
apple
ABCDEFGHIJKLMN

12
3
6
9
market
$10

請看圖說出一段有趣的故事。
（可用單圖法或多圖法進行看圖說故事）

日期：＿＿年＿＿月＿＿日

二、童詩／成語篇

㈠人物、地點、活動篇
㈡動物、地點、活動篇
㈢自然篇
㈣方位篇
㈤地點、物品、顏色篇
㈥味道、形狀篇
㈦語詞腦力激盪
㈧成語大集合

日期：＿＿年＿＿月＿＿日

(一)人物、地點、活動篇

請用「人物＋地點＋活動」語詞聯想，完成一首童詩：「我的家人」。

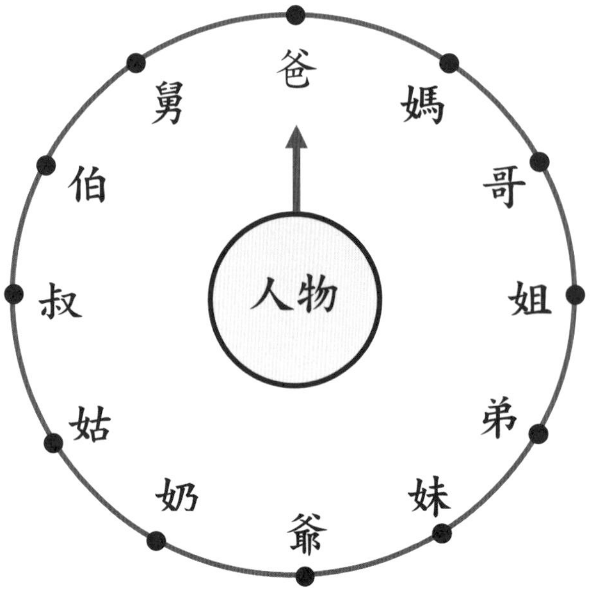

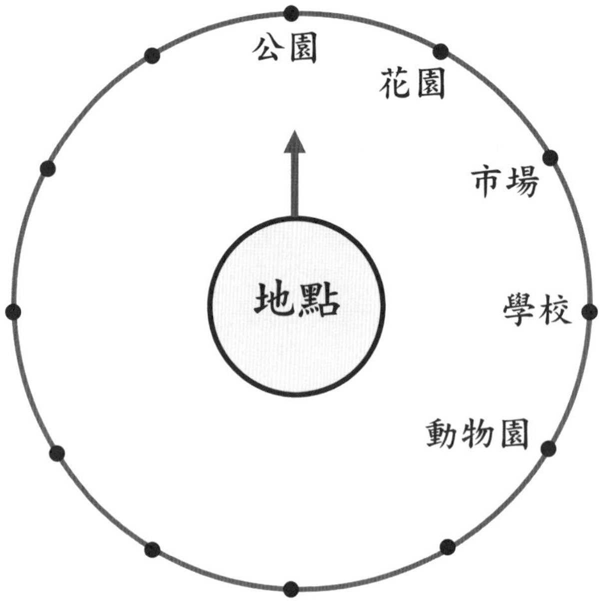

我的家人

（爸爸）喜歡在（書房）裡（看書）；

（媽媽）喜歡在（廚房）裡（　）；

（　）喜歡在（　）裡（　）；

（　）喜歡在（　）裡（　）；

（　）喜歡在（　）裡（　）；

我喜歡在（　）裡（　），

這就是我最親愛的家人。

日期：＿＿年＿＿月＿＿日

找人物

一二三四五六七，我的「朋友」在哪裡？
在這裡，在這裡，我的朋友在這裡。
一二三四五六七，我的「爸爸」在哪裡？
在家裡，在家裡，我的爸爸在家裡。
一二三四五六七，我的「老師」在哪裡？
在學校，在學校，我的老師在學校。
一二三四五六七，我的「爺爺」在哪裡？
在山上，在山上，我的爺爺在山上。

自我創作

一二三四五六七，我的（　　　）在哪裡？
在（　　　），在（　　　），我的（　　　）在（　　　）。
一二三四五六七，我的（　　　）在哪裡？
在（　　　），在（　　　），我的（　　　）在（　　　）。
一二三四五六七，我的（　　　）在哪裡？
在（　　　），在（　　　），我的（　　　）在（　　　）。
一二三四五六七，我的（　　　）在哪裡？
在（　　　），在（　　　），我的（　　　）在（　　　）。

日期：＿＿年＿＿月＿＿日

(二)動物、地點、活動篇

請用「動物＋地點＋活動」語詞聯想，完成一首童詩：「可愛的動物」。

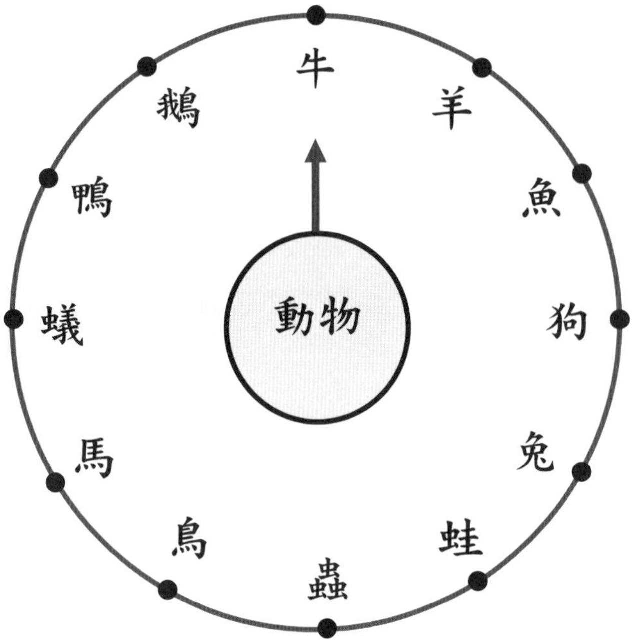

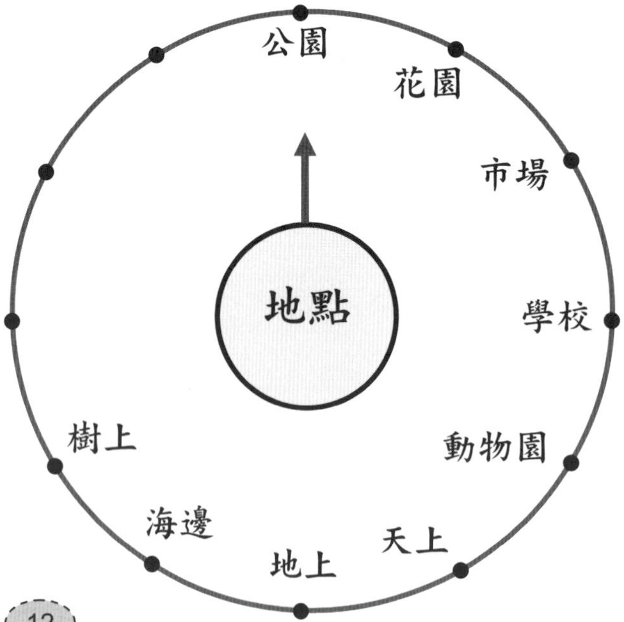

可愛的動物

（小鳥）在（天空）飛呀飛；（小狗）在（門口）叫呀叫；

（　　）在（　　）跳呀跳；（　　）在（　　）跑呀跑；

（　　）在（　　）爬呀爬；（　　）在（　　）游呀游；

（　　）在（　　）走呀走；（　　）在（　　）吃呀吃；

（　　）在（　　）玩呀玩；（　　）在（　　）睡呀睡。

日期：＿＿年＿＿月＿＿日

請用語詞聯想完成童詩、童謠創作。

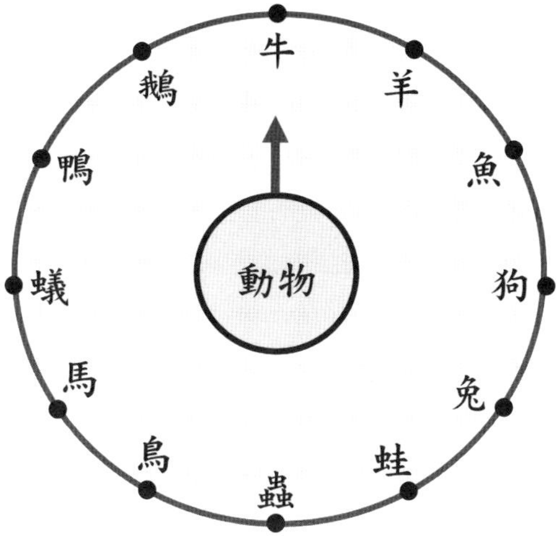

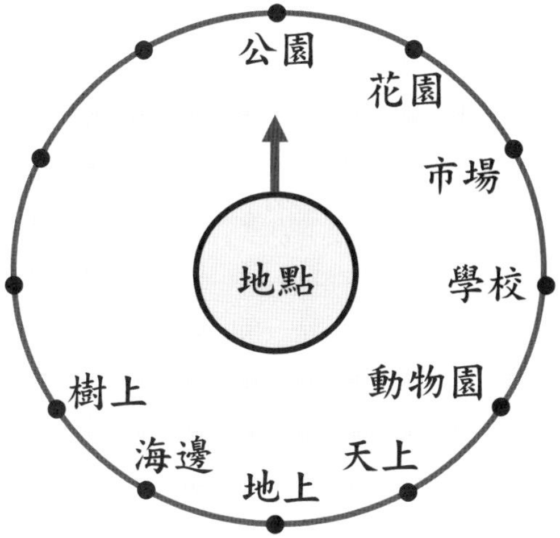

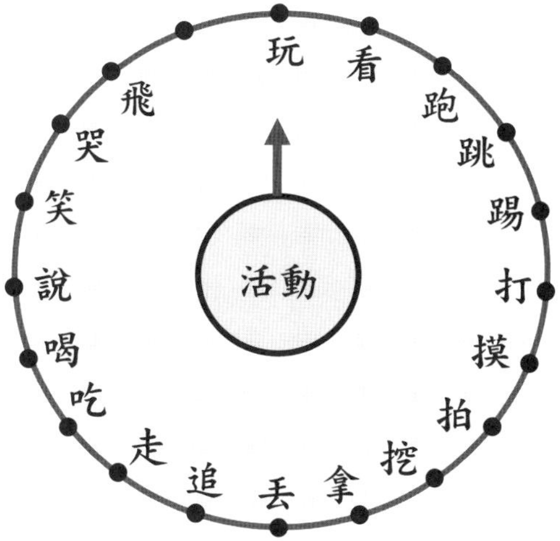

我想要像……

我想要像（小鳥）在（天上）（飛）；

我想要像（小魚）在（　　）（　　）；

我想要像（小狗）在（　　）（　　）；

我想要像（　　）在（　　）（　　）；

我想要像（　　）在（　　）（　　）。

日期：＿＿年＿＿月＿＿日

童謠創作

兩隻老虎，兩隻老虎，跑得快，跑得快，

一隻沒有眼睛，一隻沒有耳朵，真奇怪，真奇怪。

兩隻兔子，兩隻兔子，跳得高，跳得高，

一隻沒有鼻子，一隻沒有尾巴，真好笑，真好笑。

兩隻小鳥，兩隻小鳥，飛得慢，飛得慢，

一隻沒有羽毛，一隻沒有嘴巴，真特別，真特別。

自我創作

兩隻（　　　　），兩隻（　　　　），

（　　　　）得（　　　　），（　　　　）得（　　　　），

一隻沒有（　　　　），一隻沒有（　　　　），真好笑，真好笑。

兩隻（　　　　），兩隻（　　　　），

（　　　　）得（　　　　），（　　　　）得（　　　　），

一隻沒有（　　　　），一隻沒有（　　　　），真特別，真特別。

童謠創作

日期：＿＿年＿＿月＿＿日

每個動物都有不同的特質，請發揮觀察力，想一想，並試著創作一首童詩。

大象的（耳朵大　）；長頸鹿的（　　）；
兔子的（　　）；小豬的（　　）；
猴子的（　　）；小雞的（　　）；
（　　）的（　　）。

大象，大象，你的鼻子怎麼那麼長？媽媽說鼻子長才是漂亮。
兔子，兔子，你的耳朵怎麼那麼長？爸爸說耳朵長才是美麗。
小豬，小豬，你的肚子怎麼那麼圓？爺爺說肚子圓才是可愛。
猴子，猴子，你的尾巴怎麼那麼長？奶奶說尾巴長才是好用。
小雞，小雞，你的嘴巴怎麼那麼小？姑姑說嘴巴小才是好看。

請發揮想像力，想一想。

（　　），（　　），你的（　　）怎麼那麼（　　）？
媽媽說（　　）才是（　　）。
（　　），（　　），你的（　　）怎麼那麼（　　）？
（　　）說（　　）才是（　　）。

日期：＿＿年＿＿月＿＿日

㈢自然篇

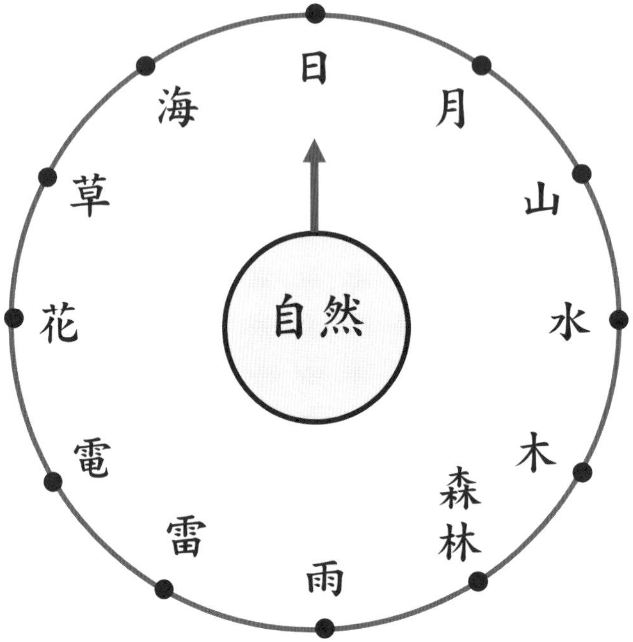

請填入適當的字。

例句：（日）新（月）異：每天每月都有新的改變，形容發展、進步得很快。

1.（　）明（　）秀：形容山水秀麗，風景優美。

2.（　）盟（　）誓：形容盟誓如山不頹、如海不枯。

3.移（　）接（　）：比喻暗中更換人、事、物，以欺騙他人。

4.鏡（　）水（　）：原指靈活不可捉摸的意境，比喻虛幻的景象。

5.人（　）人（　）：形容非常多的人聚集在一起。

6.排（　）倒（　）：形容力量巨大，氣勢壯闊。

看圖寫作（參考：康軒二上第八課）。

日期：　　年　　月　　日

樂樂谷搬來了一個新鄰居——大象。

請發揮想像力，完成一篇短文：

＊時間？地點？

＊小動物們幫大象做了哪些事？為什麼？

＊大象又幫小動物們做了哪些事？為什麼？

＊他們相處的情形如何？從這個故事，你學到了什麼？

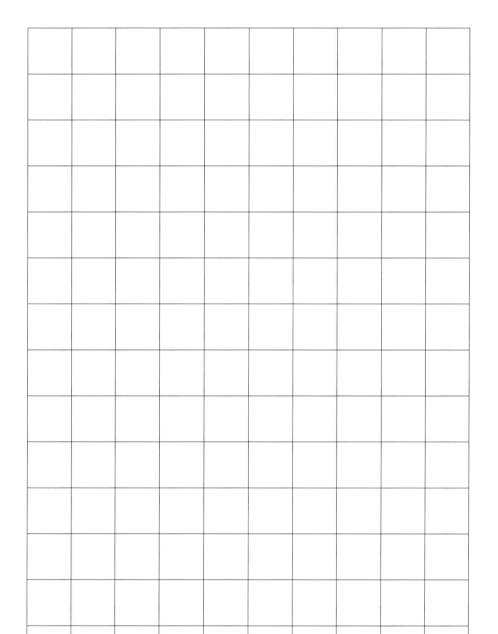

看圖寫作。

日期：＿＿年＿＿月＿＿日

有一首童謠：「我家門前有小河，後面有山坡……」，請發揮想像力，看圖完成一篇小短文：

＊什麼時間？什麼地點？什麼人物？

＊我看到了什麼？我聽到了什麼？我聞到了什麼？我做了哪些活動？

＊我的感受是什麼？

照樣寫童謠。

日期：　　年　　月　　日

（三輪車）跑得快，
上面坐個（老太太），
要（五毛）給（一塊），
你說（奇怪）不（奇怪）？

(四)方位篇

日期：＿＿年＿＿月＿＿日

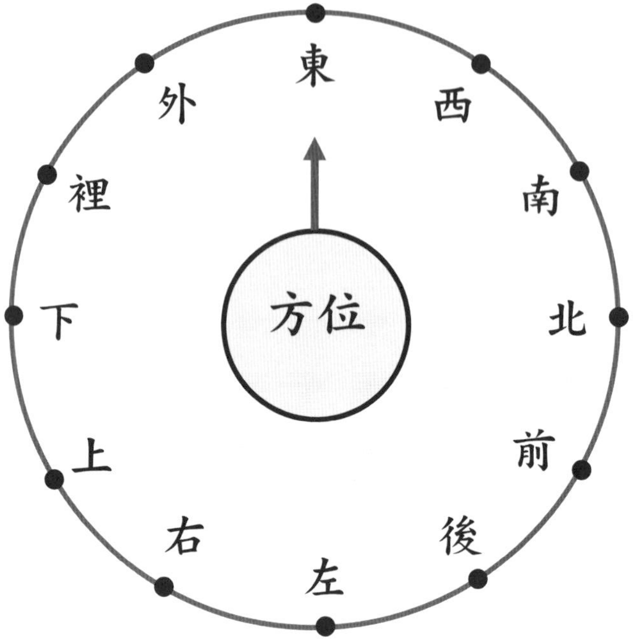

請填入適當的字。

例句：妹妹不見了，媽媽心裡急得七（上）八（下）。

1. 小狗在院子裡（　）奔（　）跑。
2. 他總是瞻（　）顧（　），所以遲遲無法成行。
3. 爸爸常常熱心幫忙（　）鄰（　）舍。
4. 連續假期時，車站裡到處都是（　）來（　）往的旅客。
5. 他是一個吃（　）扒（　）的人，所以十分不受歡迎。

(五)地點、物品、顏色篇

請用「地點＋物品＋顏色」語詞聯想，完成一首「顏色詩」。

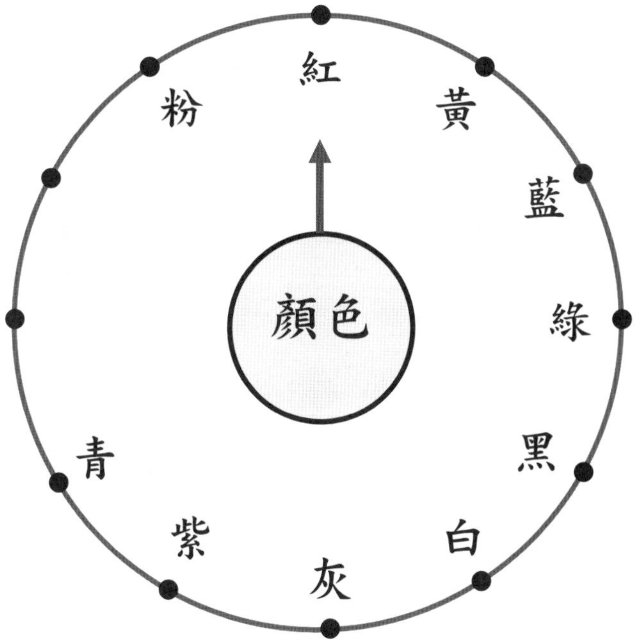

顏色詩（範例）

什麼（黑）？（廚房）的（鍋子）（黑）
什麼（白）？（天空）的（雲朵）（白）
什麼（紅）？（樹上）的（楓葉）（紅）
什麼（黃）？（桌上）的（香蕉）（黃）
什麼（青）？（地上）的（青草）（青）
什麼（紫）？（果園）的（葡萄）（紫）
什麼（藍）？（鄉下）的（天空）（藍）
什麼（綠）？（公園）的（草地）（綠）

日期：＿＿年＿＿月＿＿日

請用「人物＋物品＋顏色」語詞聯想，完成一首「顏色詩」。

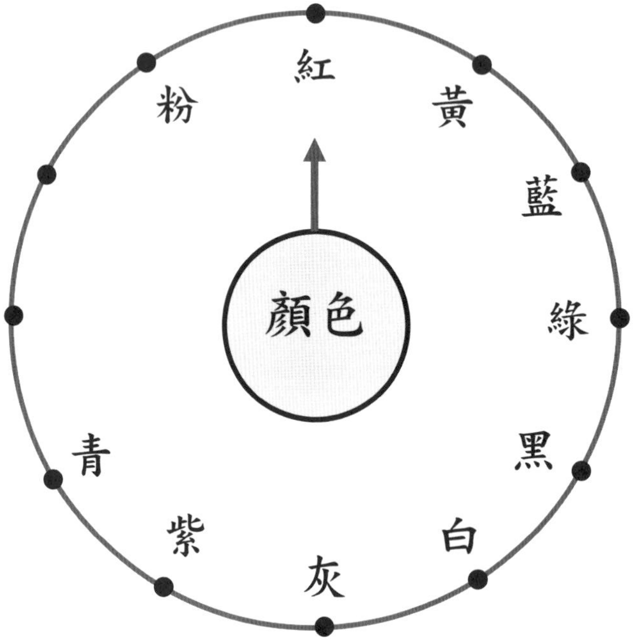

顏色詩

什麼（黑）？（弟弟）的（頭髮）（黑）

什麼（白）？（　　）的（　　）（白）

什麼（紅）？（　　）的（　　）（紅）

什麼（黃）？（　　）的（　　）（黃）

什麼（青）？（　　）的（　　）（青）

什麼（紫）？（　　）的（　　）（紫）

什麼（藍）？（　　）的（　　）（藍）

什麼（綠）？（　　）的（　　）（綠）

日期：＿＿年＿＿月＿＿日

(六)味道、形狀篇

請用「味道／形狀＋物品」語詞聯想，完成一首「感覺詩」。

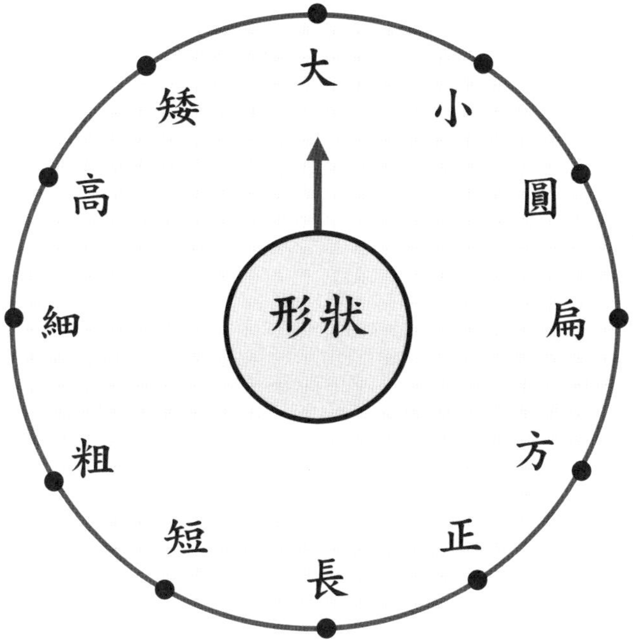

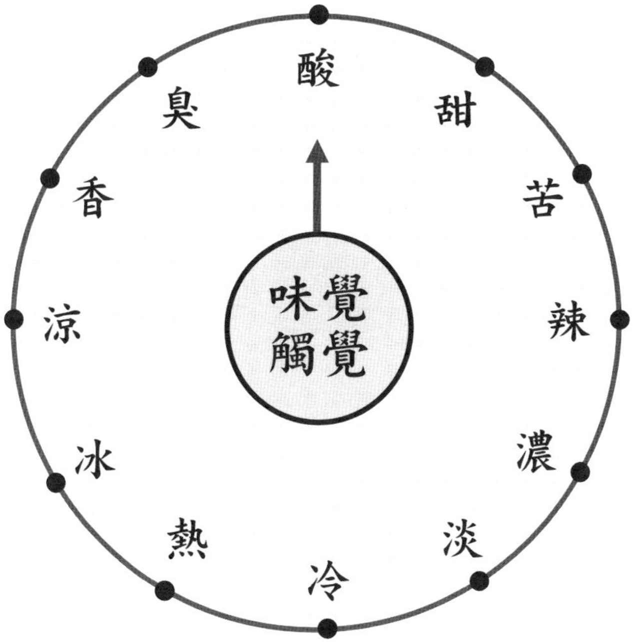

例句：我聞到又（香）又（甜）的（蘋果）。

我聞到又（　　　）又（　　　）的（　　　）。

我吃到又（　　　）又（　　　）的（　　　）。

我吃到又（　　　）又（　　　）的（　　　）。

我看到又（　　　）又（　　　）的（　　　）。

我看到又（　　　）又（　　　）的（　　　）。

我摸到又（　　　）又（　　　）的（　　　）。

我摸到又（　　　）又（　　　）的（　　　）。

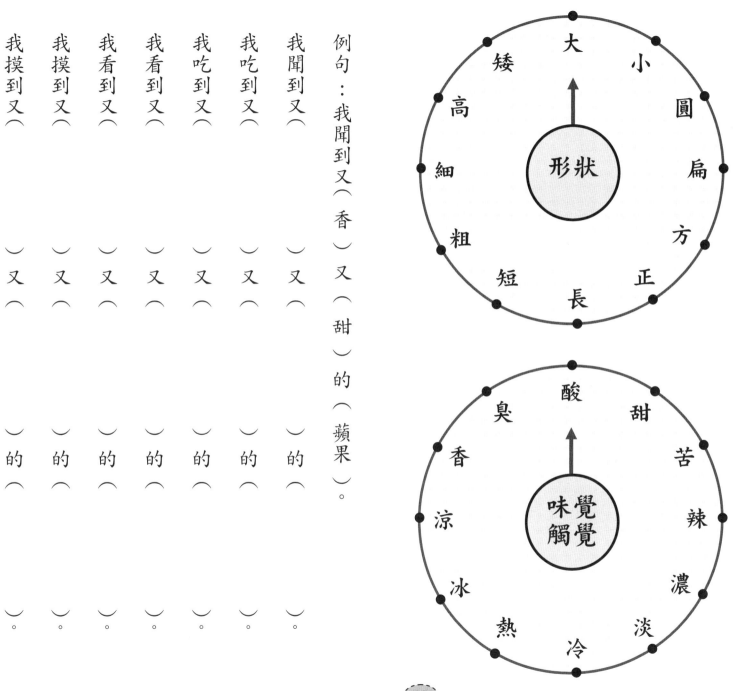

童謠創作。

日期：　　年　　月　　日

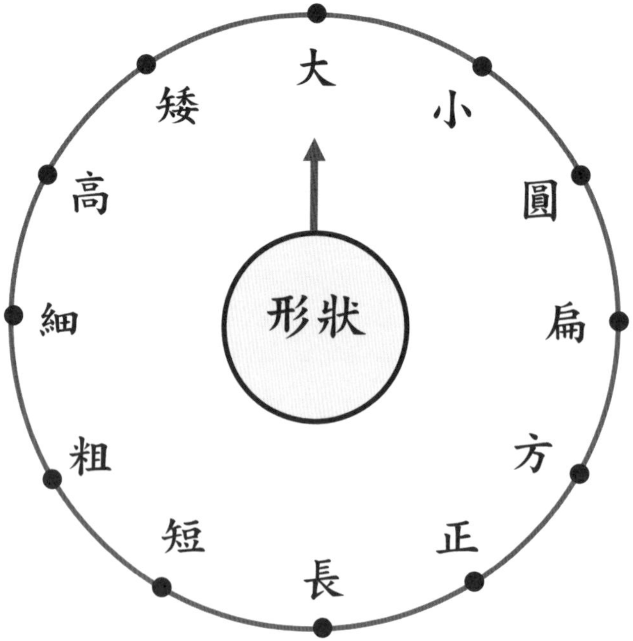

什麼尖，尖上了天？什麼尖尖在水邊？
什麼尖尖街上賣？什麼尖尖我面前？
（高樓）尖，尖上了天，（小船）尖尖在水邊，
（粽子）尖尖街上賣，（鉛筆）尖尖我面前。
什麼圓，圓上了天？什麼圓圓在水邊？
什麼圓圓街上賣？什麼圓圓我面前？
（太陽）圓，圓上了天，（荷葉）圓圓在水邊，
（西瓜）圓圓街上賣，（鏡子）圓圓我面前。

形狀	圓	方	長	短	粗	細	高
物品							

日期：＿＿年＿＿月＿＿日

牛刀小試。

1. 動作：（讀、說、看、聽、吃、聊、彈、唱、跳）

（唱　唱）歌　（　　）話　（　　）書

（　　）舞　（　　）飯　（　　）音樂

（　　）琴　（　　）天　（　　）文章

2. 顏色（藍、黑、綠、紅、白、黃、紫）

（綠　綠）的稻田　（　　）的天空　（　　）的雪花

（　　）的香蕉　（　　）的葡萄　（　　）的太陽

（　　）的秀髮　（　　）的夜晚　（　　）的臉蛋

3. 形狀：（高、扁、圓、短、長、方、直、彎）

（直　直）的竹竿　（　　）的尾巴　（　　）的臉蛋

（　　）的嘴巴　（　　）的道路　（　　）的鼻子

4. 味道：（香、臭、酸、甜、苦、辣）

（香　香）的菜餚　（　　）的火鍋　（　　）的糖果

（　　）的藥水　（　　）的牛肉麵　（　　）的酸梅汁

（　　）的垃圾

日期：＿＿年＿＿月＿＿日

㈦語詞腦力激盪

請說出與中間名詞相關的語詞，再對照第29～30頁。

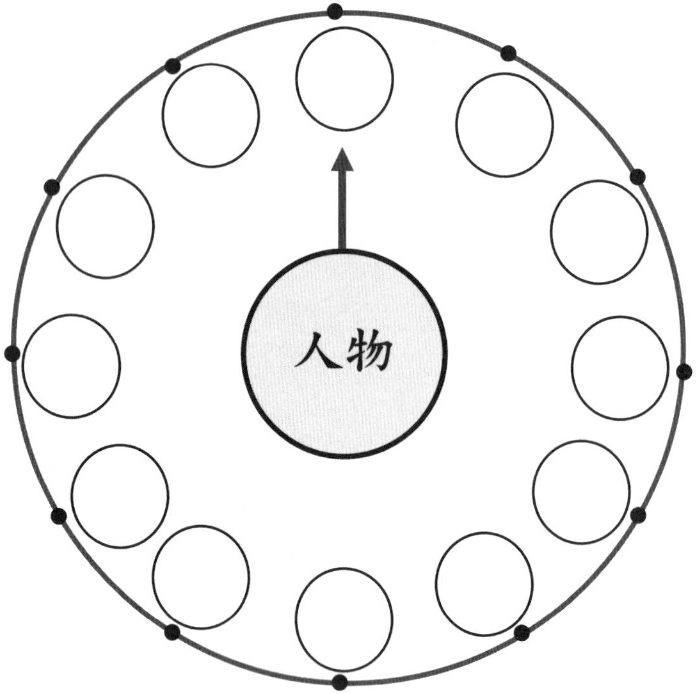

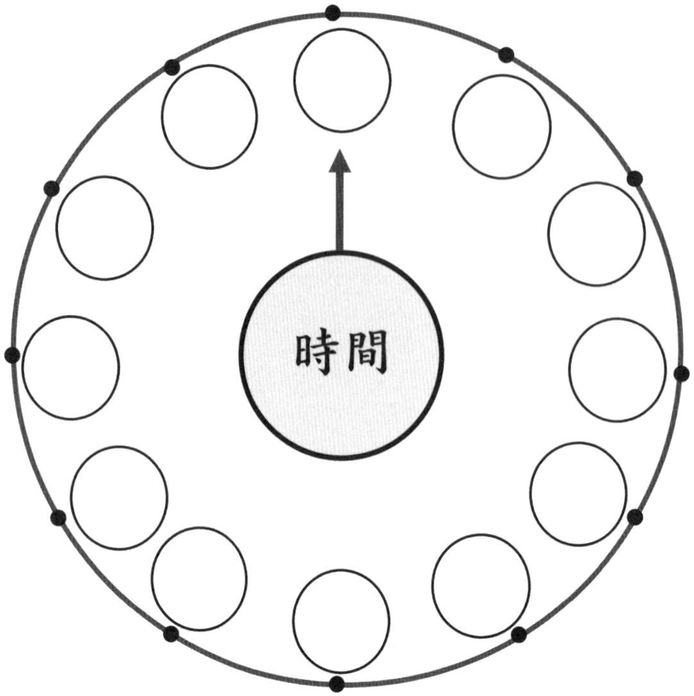

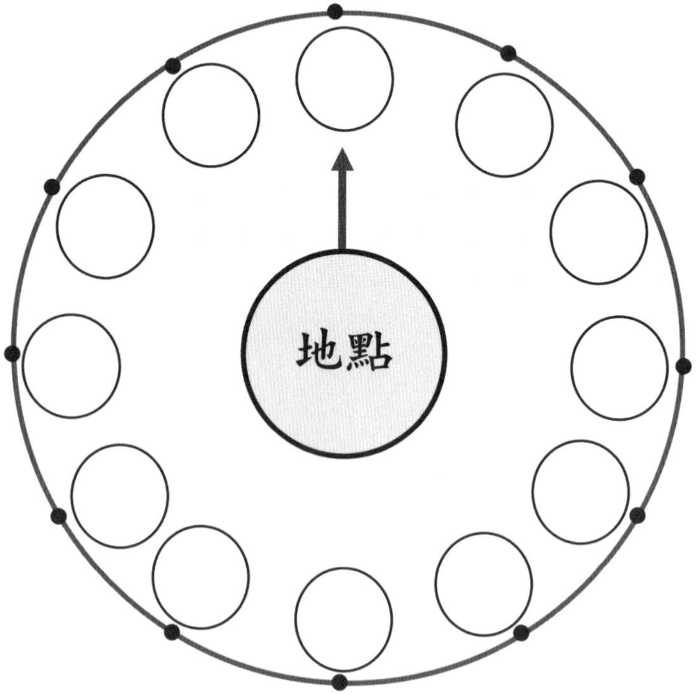

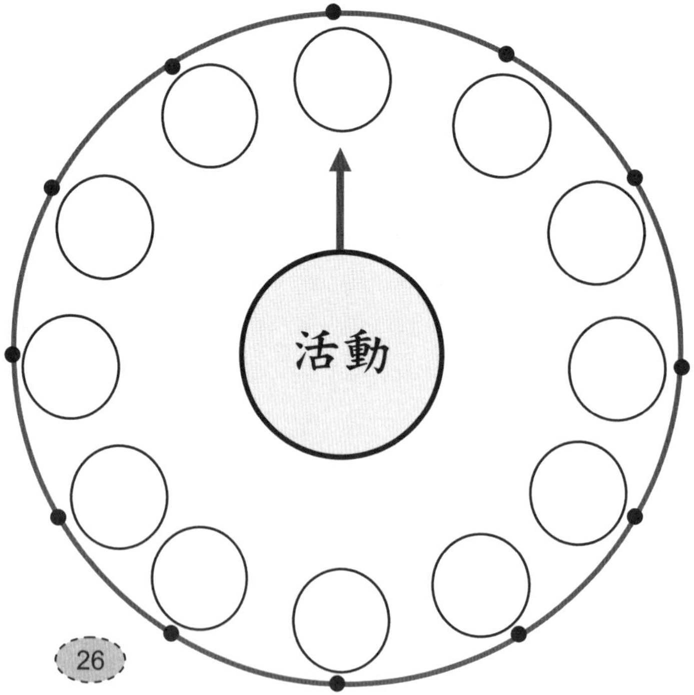

日期：＿＿＿年＿＿＿月＿＿＿日

請說出與中間名詞相關的語詞，再對照第29～30頁。

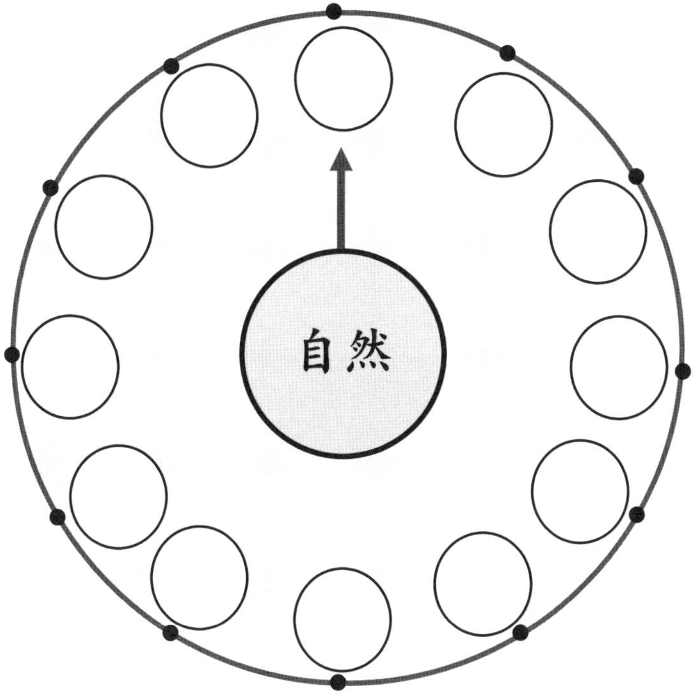

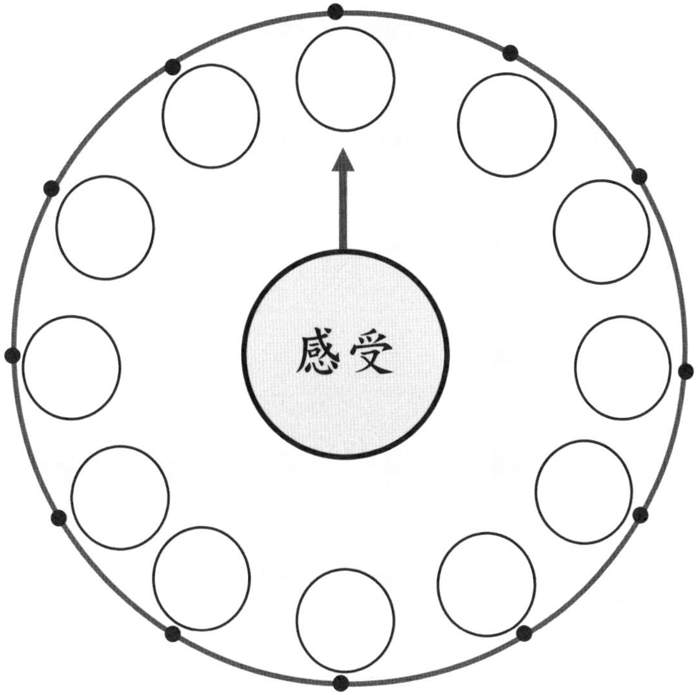

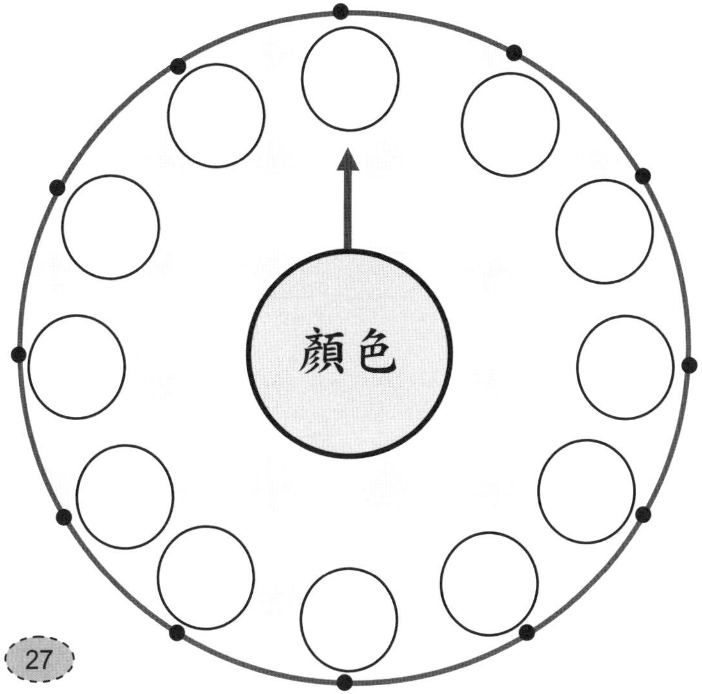

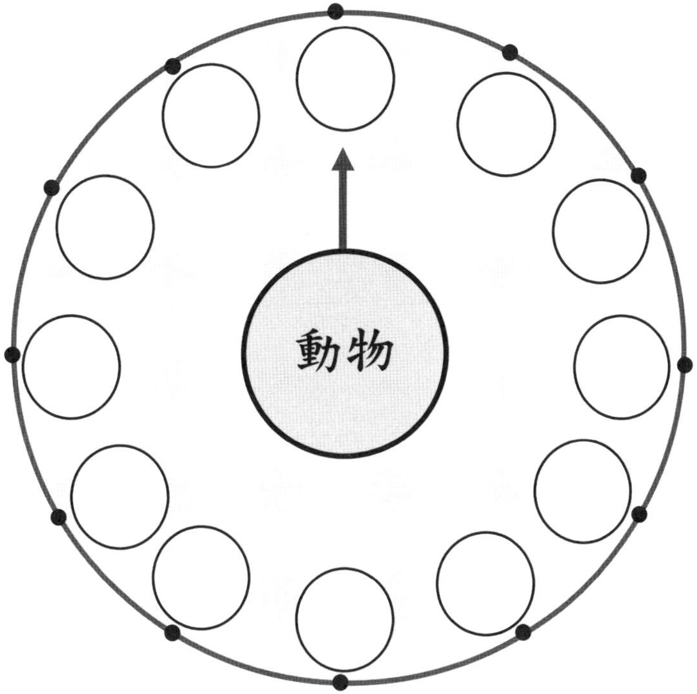

日期：＿＿年＿＿月＿＿日

請說出與中間名詞相關的語詞，再對照第29～30頁。

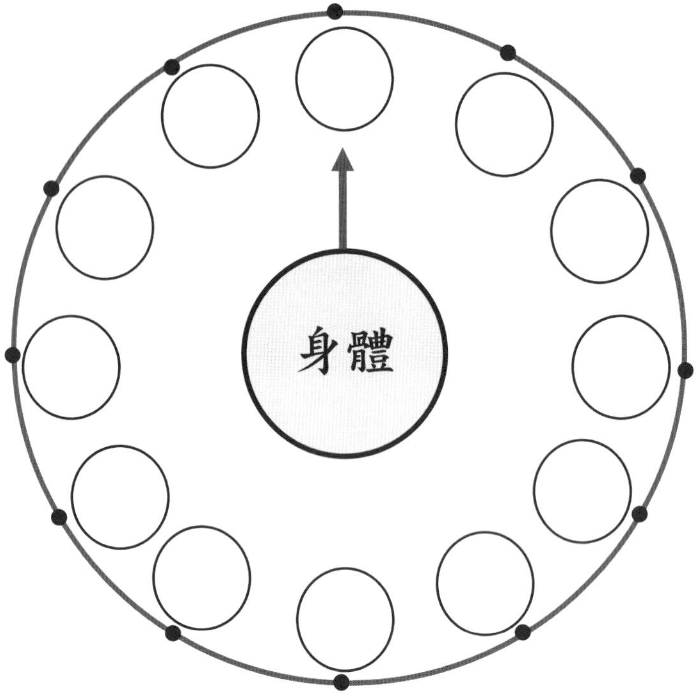

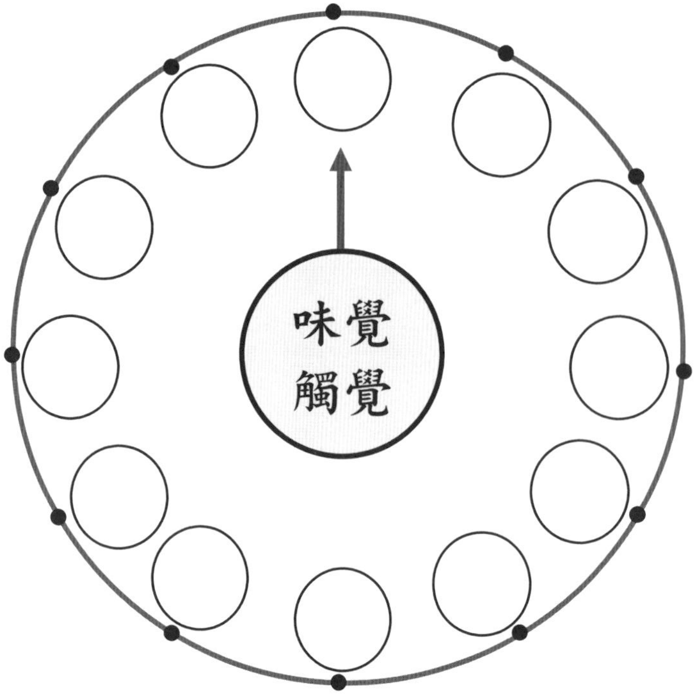

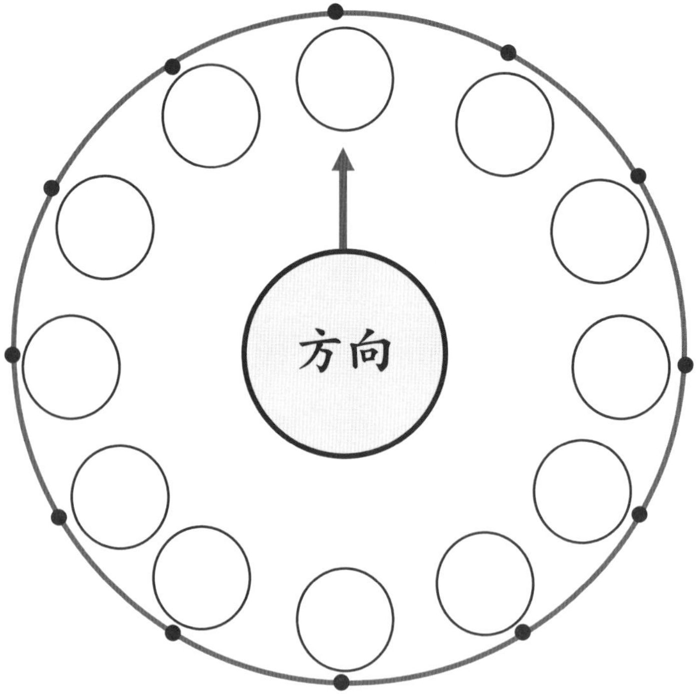

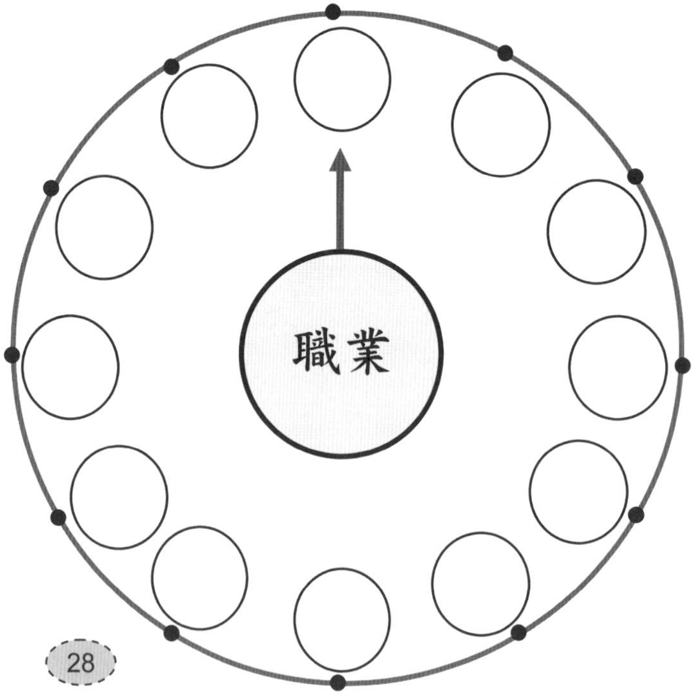

家人	爸、媽、哥、姊、弟、妹、爺、奶、姑、叔、伯、姨、舅。
自然	日、月、山、水、木、森林、樹、雨、雷、電、花、草、星星、月亮、太陽。
動物	鼠、牛、虎、兔、龍、蛇、馬、羊、猴、雞、狗、豬、魚、青蛙、蟲、鳥、熊、鹿。
身體	眼、耳、鼻、口、手、腳、肚、皮、臉、頭、毛。
動作	玩、看、跑、跳、踢、打、摸、拍、挖、拿、丟、追、走、吃、喝、說、笑、哭、飛。
顏色	紅、黃、藍、綠、黑、白、灰、紫。
味覺 觸覺	酸、甜、苦、辣、濃、淡、冷、熱、冰、涼。
方向	東、西、南、北、前、後、左、右、上、下。
地點	家裡、公園、花園、動物園、學校、操場、市場、天上、地上、海裡、樹上。
交通	公車、汽車、馬車、火車、飛機、腳踏車、卡車、校車、船、熱氣球。
職業	學生、老師、校長、工人、軍人、司機、畫家、醫生、護士、士兵、警察、郵差。
感受	高興、快樂、歡喜、開心、自信、生氣、難過、傷心、痛苦。

時間	早上、中午、下午、晚上、清晨、星期、年、月、日、時、分、秒。
狀態	大、中、小、圓、扁、方、正、長、短、硬、軟、輕、重。
	努力、認真、漂亮、美麗、辛苦、輕鬆、困難。
代詞	你、我、他、你們、我們、他們、這裡、那裡、這邊、那邊。

請寫出正確的國字。

日期：＿＿年＿＿月＿＿日

家人

□（ㄅㄚˋ）、□（ㄇㄚ）、□（ㄍㄜ）、□（ㄐㄧㄝˇ）、□（ㄉㄧˋ）、□（ㄇㄟˋ）、□（ㄧㄝˊ）、

□（ㄋㄞˇ）、□（ㄍㄨ）、□（ㄕㄨˊ）、□（ㄅㄛˊ）、□（ㄧˊ）、□（ㄐㄧㄡˋ）。

自然

□（ㄖˋ）、□（ㄩㄝˋ）、□（ㄕㄢ）、□（ㄕㄨㄟˇ）、□（ㄇㄨˋ）、□（ㄙㄣ）□（ㄌㄧㄣˊ）、

□（ㄕㄨˋ）、□（ㄩˇ）、□（ㄌㄟˊ）、□（ㄉㄧㄢˋ）、□（ㄏㄨㄚ）、□（ㄘㄠˇ）、□（ㄒㄧㄥ）

□（˙ㄒㄧㄥ）、□（ㄩㄝˋ）□（ㄌㄧㄤˋ）、□（ㄊㄞˋ）□（ㄧㄤˊ）。

動物

□（ㄕㄨˇ）、□（ㄋㄧㄡˊ）、□（ㄏㄨˇ）、□（ㄊㄨˋ）、□（ㄌㄨㄥˊ）、□（ㄕㄜˊ）、□（ㄇㄚˇ）、

□（ㄧㄤˊ）、□（ㄏㄡˊ）、□（ㄐㄧ）、□（ㄍㄡˇ）、□（ㄓㄨ）、□（ㄩˊ）、□（ㄑㄧㄥ）

□（ㄨㄚ）、□（ㄔㄨㄥˊ）、□（ㄋㄧㄠˇ）、□（ㄒㄩㄥˊ）、□（ㄌㄨˋ）。

身體

□ㄧㄢˇ、□ㄦˇ、□ㄅㄧˊ、□ㄎㄡˇ、□ㄕㄡˇ、□ㄐㄧㄠˇ、□ㄉㄨˋ、

□ㄆㄧˊ、□ㄌㄧㄢˇ、□ㄊㄡˊ、□ㄇㄠˊ。

動作

□ㄨㄢˊ、□ㄎㄢˋ、□ㄆㄠˇ、□ㄊㄧㄠˋ、□ㄊㄧ、□ㄉㄚˇ、□ㄇㄛ、

□ㄆㄞ、□ㄨㄚ、□ㄋㄚˊ、□ㄌㄧㄡ、□ㄓㄨㄟ、□ㄗㄡˇ、□ㄔ、

□ㄏㄜ、□ㄕㄨㄛ、□ㄒㄧㄠˋ、□ㄎㄨ、□ㄈㄟ。

顏色

□ㄏㄨㄥˊ、□ㄏㄨㄤˊ、□ㄌㄢˊ、□ㄌㄩˋ、□ㄏㄟ、□ㄅㄞˊ、□ㄏㄨㄟ、

□ㄗˇ。

味覺 觸覺

□ㄙㄨㄢ、□ㄊㄧㄢˊ、□ㄎㄨˇ、□ㄌㄚˋ、□ㄋㄨㄥˊ、□ㄉㄢˋ、□ㄌㄥˇ、

□ㄖㄜˋ、□ㄅㄧㄥ、□ㄌㄧㄤˊ。

方向

□ㄉㄨㄥ、□ㄒㄧ、□ㄋㄢˊ、□ㄅㄟˇ、□ㄑㄧㄢˊ、□ㄏㄡˋ、□ㄗㄨㄛˇ、

□ㄧㄡˋ、□ㄕㄤˋ、□ㄒㄧㄚˋ。

地點

ㄐㄧㄚ ㄌㄧˇ、ㄍㄨㄥ ㄩㄢˊ、ㄏㄨㄚ ㄩㄢˊ、ㄉㄨㄥˋ ㄨˋ ㄩㄢˊ、ㄒㄩㄝˊ ㄒㄧㄠˋ、ㄘㄠ ㄔㄤˇ、ㄕˋ ㄔㄤˇ、ㄊㄢ ㄕㄤˋ、ㄉㄧˋ ㄕㄤˋ、ㄏㄞˇ ㄌㄧˇ、ㄕㄨˋ ㄕㄤˋ。

交通

ㄍㄨㄥ ㄔㄜ、ㄑㄧˋ ㄔㄜ、ㄇㄚˇ ㄔㄜ、ㄏㄨㄛˇ ㄔㄜ、ㄈㄟ ㄐㄧ、ㄐㄧㄠˇ ㄊㄚˋ ㄔㄜ、ㄎㄚˇ ㄔㄜ、ㄒㄧㄠˋ ㄔㄜ、ㄔㄨㄢˊ、ㄖㄜˋ ㄑㄧˋ ㄑㄧㄡˊ。

職業

ㄒㄩㄝˊ ㄕㄥ、ㄌㄠˇ ㄕ、ㄒㄧㄠˋ ㄓㄤˇ、ㄍㄨㄥ ㄖㄣˊ、ㄐㄩㄣ ㄖㄣˊ、ㄙ ㄐㄧ、ㄏㄨㄚˋ ㄐㄧㄚ、ㄧ ㄕㄥ、ㄏㄨˋ ㄕˋ、ㄕˋ ㄅㄧㄥ、ㄐㄧㄥˇ ㄔㄚˊ、ㄧㄡˊ ㄔㄞ。

感受

ㄍㄠ ㄒㄧㄥˋ、ㄎㄨㄞˋ ㄌㄜˋ、ㄏㄨㄢ ㄒㄧˇ、ㄎㄞ ㄒㄧㄣ、ㄗˋ ㄒㄧㄣˋ、ㄕㄥ ㄑㄧˋ、ㄋㄢˊ ㄍㄨㄛˋ、ㄕㄤ ㄒㄧㄣ、ㄊㄨㄥˋ ㄎㄨˇ。

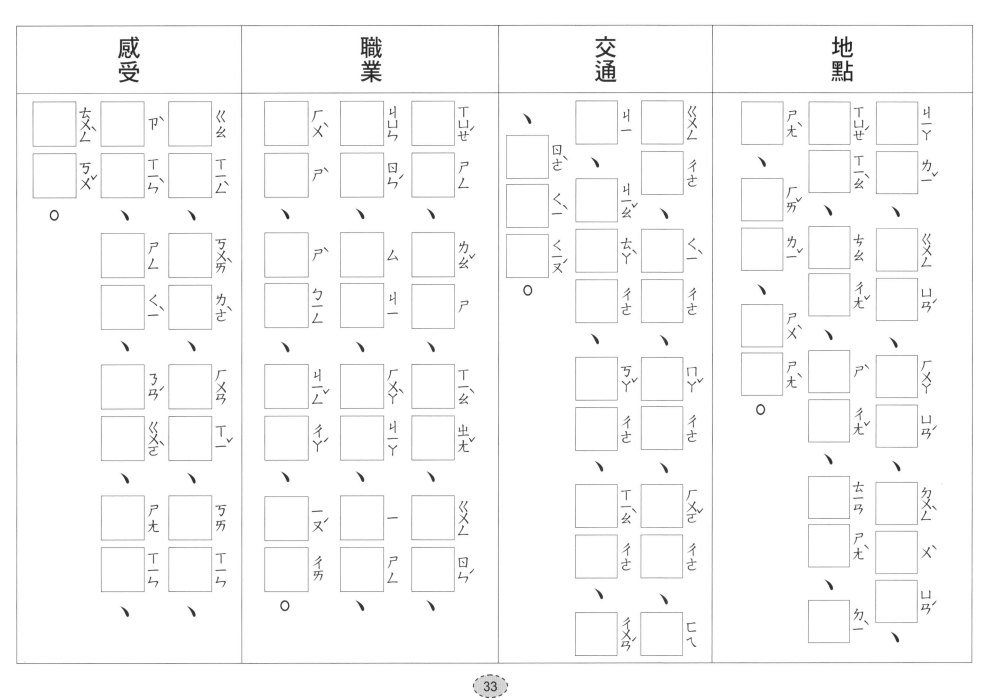

時間	狀態	代詞
□(ㄗㄠˇ)□(ㄕㄤˋ)、□(ㄓㄨㄥ)□(ㄨˇ)、□(ㄒㄧㄚˋ)□(ㄨˇ)、□(ㄨㄢˇ)□(ㄕㄤˋ)、□(ㄑㄧㄥ)□(ㄔㄣˊ)、□(ㄒㄧㄥ)□(ㄑㄧˊ)、□(ㄋㄧㄢˊ)□(ㄩㄝˋ)、□(ㄖˋ)、□(ㄕˊ)、□(ㄈㄣ)、□(ㄇㄧㄠˇ)。	□(ㄉㄚˋ)、□(ㄓㄨㄥ)、□(ㄒㄧㄠˇ)、□(ㄩㄢˊ)、□(ㄅㄧㄢˇ)、□(ㄈㄤ)、□(ㄓㄥˋ)、□(ㄔㄤˊ)、□(ㄉㄨㄢˇ)、□(ㄧㄥˋ)、□(ㄖㄨㄢˇ)、□(ㄑㄧㄥ)、□(ㄓㄨㄥˋ)。□(ㄋㄨˇ)□(ㄌㄧˋ)、□(ㄖㄣˋ)□(ㄓㄣ)、□(ㄆㄧㄠˋ)□(ㄌㄧㄤˋ)、□(ㄇㄟˇ)□(ㄌㄧˋ)、□(ㄒㄧㄣ)□(ㄎㄨˇ)、□(ㄑㄧㄥ)□(ㄙㄨㄥ)、□(ㄎㄨㄣˋ)□(ㄋㄢˊ)。	□(ㄋㄧˇ)、□(ㄨㄛˇ)、□(ㄊㄚ)、□(ㄋㄧˇ)□(˙ㄇㄣ)、□(ㄨㄛˇ)□(˙ㄇㄣ)、□(ㄊㄚ)□(˙ㄇㄣ)、□(ㄓㄜˋ)□(ㄌㄧˇ)、□(ㄋㄚˋ)□(ㄌㄧˇ)。

請寫出正確的注音。

日期：　　年　　月　　日

家人	自然	動物
爸、媽、哥、姊、弟、妹、爺、奶、姑、叔、伯、姨、舅。	日、月、山、水、木、森林、樹、雨、雷、電、花、草、星星、月亮、太陽。	鼠、牛、虎、兔、龍、蛇、馬、羊、猴、雞、狗、豬、魚、青蛙、蟲、鳥、熊、鹿。

身體	動作	顏色	味覺 觸覺	方向
眼、耳、鼻、口、手、腳、肚、皮、臉、頭、毛。	玩、看、跑、跳、踢、打、摸、拍、挖、拿、丟、追、走、吃、喝、說、笑、哭、飛。	紅、黃、藍、綠、黑、白、灰、紫。	酸、甜、苦、辣、濃、淡、冷、熱、冰、涼。	東、西、南、北、前、後、左、右、上、下。

地點	交通	職業	感受
家裡、公園、花園、動物園、學校、操場、市場、天上、地上、海裡、樹上。	公車、汽車、馬車、火車、飛機、腳踏車、卡車、校車、船、熱氣球。	學生、老師、校長、工人、軍人、司機、畫家、醫生、護士、士兵、警察、郵差。	高興、快樂、歡喜、開心、自信、生氣、難過、傷心、痛苦。

時間	狀態	代詞
早上、中午、下午、晚上、清晨、星期、年、月、日、時、分、秒。	大、中、小、圓、扁、方、正、長、短、硬、軟、輕、重。努力、認真、漂亮、美麗、辛苦、輕鬆、困難。	你、我、他、你們、我們、他們、這裡、那裡、這邊、那邊。

(八)成語大集合

有顏色字的成語

黑白分明、黑白不分、黑白混淆、近墨者黑、月黑風高、說黑道白、白頭偕老、青紅皂白、青天白日、青山綠水、青出於藍、青黃不接、雨過天青、青雲直上、平步青雲、燈紅酒綠、慘綠少年、看破紅塵、紅粉佳人、面紅耳赤、奼紫嫣紅、萬紫千紅、信口雌黃、明日黃花、直搗黃龍、飛黃騰達、固若金湯、金屋藏嬌、惜墨如金、火樹銀花、烏煙瘴氣

有動物字的成語

梧鼠技窮、獐頭鼠目、九牛一毛、九牛二虎、對牛彈琴、庖丁解牛、汗牛充棟、泥牛入海、牛刀小試、牛頭馬面、吳牛喘月、如虎添翼、馬馬虎虎、狐假虎威、騎虎難下、虎口餘生、畫虎類犬、虎入羊群、虎背熊腰、調虎離山、談虎色變、虎視眈眈、虎頭蛇尾、守株待兔、狡兔三窟、兔死狗烹、兔死狐悲、乘龍快婿、畫龍點睛、來龍去脈、臥虎藏龍、龍盤虎踞、龍馬精神、望子成龍、生龍活虎、龍爭虎鬥、龍飛鳳舞、龍蛇雜處、畫蛇添足、杯弓蛇影、巴蛇吞象、打草驚蛇、一馬當先、識途老馬、指鹿為馬、塞翁失馬、單槍匹馬、快馬加鞭、懸崖勒馬、汗馬功勞、脫韁之馬、馬到成功、馬不停蹄、駟馬難追、天馬行空、走馬看花、亡羊補牢、羊入虎口、代罪羔羊、歧路亡羊、羊腸小徑、順手牽羊、殺雞儆猴、尖嘴猴腮、心猿意馬、鶴立雞群

有方位字的成語

東拉西扯、東奔西走、東拼西湊、東倒西歪、東張西望、南船北馬、南腔北調、南轅北轍、東山再起、東施效顰、東窗事發、南柯一夢、上下一心、上下其手、上行下效、下筆成章、左思右想、左鄰右舍、左顧右盼、左擁右抱、左右為難、左右逢源、左右開弓、旁門左道、前仆後繼、前功盡棄、前因後果、前車之鑑、前呼後擁、前所未聞、不顧前後、前程萬里、前程似錦、前歌後舞、後生可畏、後來居上、後起之秀、後患無窮、瞻前顧後、內柔外剛、外柔內剛、內憂外患、攘外安內、內顧之憂、表裡如一、前無古人

有情緒字的成語

沾沾自喜、喜上眉梢、心花怒放、樂不可支、欣喜若狂、歡聲雷動、喜從天降、喜不自勝、觸目傷心、黯然神傷、其樂無窮、樂此不疲、歡天喜地、歡欣鼓舞、皆大歡喜、怒目橫眉、氣急敗壞、怒髮衝冠、勃然大怒、怒氣沖天、抑鬱寡歡、悶悶不樂、唉聲歎氣、

有時間字的成語

一時半刻、光陰似箭、韶光荏苒、韶光似箭、日月如梭、白駒過隙、曇花一現、日不移晷、度日如年、日久歲深、積年累月、地久天長、萬載千秋、日久年深、日久天長、經年累月

有數字的成語

一視同仁、一字千金、一曝十寒、一言九鼎、網開一面、曇花一現、舉一反三、滄海一粟、黃粱一夢、三教九流、家徒四壁、朝三暮四、三人成虎、三緘其口、三顧茅廬、四通八達、四面楚歌、五體投地、五花八門、六神無主、七手八腳、七竅生煙、七上八下、八仙過海、八面威風、八面玲瓏、才高八斗、九死一生、九霄雲外、十全十美、十惡不赦、百戰百勝、百年樹人、萬紫千紅、萬象更新、千瘡百孔、百步穿楊、日理萬機、千篇一律、瞬息萬變

有顏色字的成語。

1. 黑白分明：❶黑色、白色區分明顯。❷比喻是非善惡分明。❸形容眼睛清澈明亮。
2. 黑白不分：是非、善惡分不清楚。
3. 黑白混淆：黑或白都分不清楚。比喻是非顛倒、好壞不分。
4. 近墨者黑：靠近硃砂容易被染成紅色，靠近墨則容易被染成黑色。比喻人的習性因環境影響而改變。
5. 月黑風高：形容沒有月亮，風很大的晚上。
6. 說黑道白：信口亂說，妄加批評。
7. 白頭偕老：形容夫妻恩愛到老。
8. 青紅皂白：皂，黑色。青紅皂白指各種不同的顏色。比喻事情的是非情由。
9. 青天白日：❶青天，晴空。白日，明耀的太陽。青天白日指大白天。❷比喻清明廉潔。❸象徵自由平等。
10. 青山綠水：青綠色的山脈、河流。常用以形容風景的秀麗。
11. 青出於藍：比喻弟子勝過老師，或後輩優於前輩。
12. 青黃不接：指新穀還沒成熟，存糧又已吃完。
13. 雨過天青：❶雨後初放晴時的天色，泛指青色。❷比喻情況由壞轉好。
14. 青雲直上：青雲，指顯要的地位。青雲直上比喻順利的迅速升到高位。
15. 平步青雲：比喻順利晉升到很高的地位。
16. 燈紅酒綠：原描述夜飲聚會的情景。後用以形容夜晚尋歡作樂，奢侈淫靡的生活。
17. 慘綠少年：比喻青春年少。
18. 看破紅塵：看透了世情。
19. 紅粉佳人：形容容貌美麗的女子。
20. 面紅耳赤：形容人因緊張、焦急、害羞等而滿臉發紅的樣子。
21. 奼紫嫣紅：形容花開得鮮豔嬌美。
22. 萬紫千紅：形容百花盛開，色彩絢麗的景象。
23. 信口雌黃：比喻不顧事實真相，隨口亂說或妄加批評。
24. 明日黃花：比喻過時的事物。
25. 直搗黃龍：直接進擊敵方都城、巢穴。
26. 飛黃騰達：比喻仕途得意，很快到達高位。
27. 固若金湯：比喻防守嚴密，無懈可擊。
28. 金屋藏嬌：比喻男子納妾或有外遇之事。
29. 惜墨如金：比喻寫字、作畫態度謹慎，不輕易下筆。
30. 火樹銀花：形容燈火通明燦爛的景象。
31. 烏煙瘴氣：形容人事或氣氛黑暗混亂。

有動物字的成語。

1. 梧鼠技窮：比喻技能雖多而不精。
2. 獐頭鼠目：獐頭小而尖，鼠目小而凸出。形容人相貌鄙陋，令人生厭。
3. 九牛一毛：比喻極大數量中的一小部分。
4. 九牛二虎：比喻極大的力量。
5. 對牛彈琴：比喻講話、做事不看對象。
6. 庖丁解牛：比喻對事物瞭解透澈，做事能得心應手，運用自如。
7. 汗牛充棟：形容書籍極多。
8. 泥牛入海：比喻一去不復返。
9. 牛刀小試：比喻有大才能，在小事上施展。
10. 牛頭馬面：神話傳說地獄中的鬼卒。
11. 吳牛喘月：比喻人見到曾受其害的類似事物而過分驚懼害怕。
12. 如虎添翼：比喻強有力者又增添生力軍，使之更強。
13. 馬馬虎虎：勉強將就，敷衍了事。
14. 狐假虎威：比喻藉著有權者的威勢欺壓他人、作威作福。
15. 騎虎難下：比喻事情迫於情勢，無法中止，只好繼續做下去。
16. 虎口餘生：比喻冒大險而不死。
17. 畫虎類犬：比喻企慕高遠卻無法做到。
18. 虎入羊群：老虎衝進羊群中。比喻以強欺弱，為所欲為。
19. 虎背熊腰：背寬厚如虎，腰粗壯似熊。形容人的體型魁偉。
20. 調虎離山：比喻用計誘使對方離開他的據點，以便趁機行事，達成目的。
21. 談虎色變：比喻一提及某事就非常害怕。
22. 虎視眈眈：比喻心懷不軌，伺機掠奪。
23. 虎頭蛇尾：比喻做事有始無終。
24. 守株待兔：比喻拘泥守成，不知變通。
25. 狡兔三窟：比喻有多處藏身的地方或多種避禍的準備。
26. 兔死狗烹：比喻事成之後，有功之人即遭到殺戮或見棄的命運。
27. 兔死狐悲：比喻因同類的不幸遭遇而感到悲傷。
28. 乘龍快婿：比喻好女婿。
29. 畫龍點睛：比喻繪畫、作文時在最重要之處加上一筆，使全體更加生動傳神。
30. 來龍去脈：比喻事情的首尾始末。
31. 臥虎藏龍：比喻潛藏著人才。
32. 龍盤虎踞：形容地勢宏偉險要。
33. 龍馬精神：形容精神健旺、充沛。
34. 望子成龍：希望自己的兒子能成大器。

35. 生龍活虎：比喻活潑勇猛，生氣勃勃。
36. 龍爭虎鬥：比喻各強爭鬥。
37. 龍飛鳳舞：形容書法筆勢飄逸多姿。
38. 龍蛇雜處：各種人物混雜在一起。形容分子複雜，通常是指黑道人物。
39. 畫蛇添足：比喻多此一舉，反將事情弄糟。
40. 杯弓蛇影：比喻為不存在的事情枉自驚疑恐懼。
41. 巴蛇吞象：比喻人心貪婪無度。
42. 打草驚蛇：比喻行事不密，致使對方有所警覺，而預先防備。
43. 一馬當先：趕在眾人之前，領先前進。
44. 識途老馬：比喻有經驗的人對情況比較熟悉，容易把工作做好。
45. 指鹿為馬：比喻人刻意混淆是非，顛倒黑白。
46. 塞翁失馬：比喻暫時受到損失，卻因禍得福，終於得到好處。
47. 單槍匹馬：比喻單獨行動，沒有絲毫助力。
48. 快馬加鞭：形容快上加快。
49. 懸崖勒馬：比喻到了危險的邊緣而及時回頭。
50. 汗馬功勞：指征戰的功勞，亦泛指一般的功勞。
51. 脫韁之馬：比喻不受拘束的人或失去控制的事物。
52. 馬到成功：征戰時戰馬一到便獲得勝利。比喻成功迅速而順利。
53. 馬不停蹄：到處奔行而不止息。形容忙碌不休。
54. 駟馬難追：話一說出去，就是用四匹馬拉的車子也追不回來。比喻言之既出，不可挽回。
55. 天馬行空：比喻文才氣勢豪放，不受拘束。
56. 走馬看花：比喻粗略、匆促地觀看，不能仔細深入。
57. 亡羊補牢：比喻犯錯後及時更正，尚能補救。
58. 羊入虎口：比喻置身於危險的境地，必死無疑。
59. 代罪羔羊：比喻代人受過的人。
60. 歧路亡羊：比喻事理本同末異，繁雜多變，易使求道者誤入迷途，以致一事無成。
61. 羊腸小徑：形容狹窄曲折的小路。
62. 順手牽羊：比喻乘機順便取走他人財物。
63. 殺雞儆猴：比喻懲罰一個人以警告其他的人。
64. 尖嘴猴腮：尖嘴巴瘦面頰。形容人長相極為醜陋。
65. 心猿意馬：心意反覆不定。
66. 鶴立雞群：比喻人的儀表才能超群脫凡。

有方位字的成語。

1. 東拉西扯：言語、文字雜亂或偏離主題。
2. 東奔西走：到處奔走，或為某種目的而四處活動。
3. 東拼西湊：把零零星星的東西湊在一起。比喻到處張羅。
4. 東倒西歪：❶搖晃欲倒的樣子。❷傾倒零落的樣子。
5. 東張西望：四周探望。
6. 南船北馬：我國地理環境南方多湖泊河川，北方多陸地，故交通工具有船馬之異。
7. 南腔北調：形容人說話語音不純，夾雜著南北方音。
8. 南轅北轍：比喻行動和想要達到的目的相反。
9. 東山再起：❶比喻官員退隱後，再度出任官職。❷比喻失敗後重新崛起。
10. 東施效顰：比喻盲目胡亂地模仿他人，結果卻適得其反。
11. 東窗事發：指陰謀或非法勾當敗漏。
12. 南柯一夢：比喻人生如夢，富貴得失無常。
13. 上下一心：大家團結一致，同心協力。
14. 上下其手：❶比喻玩弄手段，暗中作弊。❷形容帶有邪念，不禮貌地觸摸他人身體。
15. 上行下效：指在上位的人怎麼做，下面的人就起而效法。
16. 下筆成章：比喻才思敏捷且具文采。
17. 左思右想：反覆尋思。
18. 左鄰右舍：鄰居。
19. 左顧右盼：❶左看右看，四處觀察。❷顧慮太多，猶豫不決的樣子。
20. 左擁右抱：比喻妻妾眾多。
21. 左右為難：處境難堪，無所適從。
22. 左右逢源：比喻辦事得心應手或處事圓融。
23. 左右開弓：❶雙手都能彎弓射箭。形容雙手同時或輪流做某一動作。❷傳統武術的招式名稱。❸形容雙掌摑打兩頰的姿勢。
24. 旁門左道：不正派的宗教派別。後比喻不遵循正規的途徑、法門。
26. 前仆後繼：作戰時前面的人倒下，後面的繼續往前衝。形容不怕犧牲，奮勇向前。
27. 前功盡棄：指以前辛苦獲得的成果，全部廢棄。
28. 前因後果：事情的起因和結果。
29. 前車之鑑：比喻可以作為後人借鏡的失敗經驗或教訓。
30. 前呼後擁：前面有人吆喝開路，後面有人簇擁跟隨。形容達官貴人出行時的浩大聲勢及排場。
31. 前所未聞：從來未曾聽說過。

32. 不顧前後：有欠考慮的、沒顧忌的。
33. 前程萬里：前面路程，有萬里之遙。比喻將來成就遠大，多為祝福他人的話。
34. 前程似錦：比喻未來的成就非常輝煌燦爛。多用來祝賀別人發達。
35. 前歌後舞：歌頌為正義而戰的軍隊士氣旺盛。
36. 後生可畏：比喻年輕人的成就超越先輩，令人敬畏。
37. 後來居上：形容後來的人或事物超越原領先者。
38. 後起之秀：稱譽後輩中的優秀人物。
39. 後患無窮：日後的禍患，將永無斷絕之日。
40. 瞻前顧後：❶形容做事謹慎周密。❷做事猶豫不決，顧慮太多。
41. 內柔外剛：內在柔弱而外表剛強。
42. 外柔內剛：外表柔順，內心剛毅。
43. 內憂外患：比喻個人所遭遇的內在糾紛與外在壓力的困境。
44. 攘外安內：排除外來侵略，安定國家內部。
45. 內顧之憂：來自家庭或國家內部的憂患。
46. 表裡如一：內外一致。指思想和言行一致。
47. 前無古人：空前的，從沒有人做過的。

有情緒字的成語。

1. 沾沾自喜：形容自得自滿的樣子。
2. 喜上眉梢：喜悅之情流露於眉宇之間。
3. 心花怒放：形容心情極其快活。
4. 樂不可支：形容快樂到了極點。
5. 欣喜若狂：形容快樂、高興到了極點。
6. 歡聲雷動：歡呼的聲音像雷響一樣。形容熱烈歡樂的場面。
7. 喜從天降：突然遇到意想不到的喜事而心中歡喜。
8. 喜不自勝：高興得不得了。
9. 觸目傷心：目光所及，令人悲傷。
10. 黯然神傷：心神沮喪，神情憂傷。
11. 其樂無窮：樂趣無窮無盡。
12. 樂此不疲：指特別喜好做某些事，而不以為倦苦。
13. 歡天喜地：非常歡喜高興的樣子。
14. 歡欣鼓舞：歡樂振奮的樣子。
15. 皆大歡喜：大家都十分高興、滿意。
16. 怒目橫眉：瞪大眼睛，眉毛橫豎。形容滿臉怒容。
17. 氣急敗壞：形容惱怒的樣子。
18. 怒髮衝冠：形容盛怒的樣子。
19. 勃然大怒：忿怒的樣子。
20. 怒氣沖天：怒氣直沖天際。形容十分憤怒。
21. 抑鬱寡歡：憂愁不樂的樣子。
22. 悶悶不樂：心情憂鬱不快樂。
23. 唉聲歎氣：因苦悶、傷感或痛苦而發出嘆息的聲音。

有時間字的成語。

1. 一時半刻：一下子、突然。指極短的時間。
2. 光陰似箭：形容時間消逝如飛箭般迅速。
3. 韶光荏苒：形容時光漸漸的流逝。
4. 韶光似箭：形容時光像箭一樣飛逝不再。
5. 日月如梭：形容時光消逝迅速。
6. 白駒過隙：比喻時間過得很快。
7. 曇花一現：人或事物一出現便迅速消失。
8. 日不移晷：時間短暫迅疾，連日影都沒移動。比喻非常迅速。
9. 度日如年：過一天如過一年般的長。比喻日子不好過。
10. 日久歲深：形容時間長久。
11. 積年累月：時間長久。
12. 地久天長：泛指時間長遠如天地般永遠。
13. 萬載千秋：世世代代。形容時間長久。
14. 日久年深：形容時間長久。
15. 日久天長：形容時間長久。
16. 經年累月：經過很長的時間。

有數字的成語。

1. 一視同仁：指平等待人，不分親疏厚薄。
2. 一字千金：比喻文辭精當，結構嚴謹；或形容價值極高的作品。
3. 一曝十寒：比喻人學習或工作不能有所堅持，缺乏恆心。
4. 一言九鼎：形容說話很有信用。
5. 網開一面：比喻寬大仁厚，對犯錯的人從寬處置。
6. 曇花一現：比喻美好的事物或景象出現了一下，很快就消失。
7. 舉一反三：形容人於學習中善於觸類旁通。
8. 滄海一粟：比喻渺小而微不足道。
9. 黃粱一夢：比喻榮華富貴如夢似幻，終歸泡影。
10. 三教九流：指社會上各種行業或各色人物。
11. 家徒四壁：形容家境極為貧困。
12. 朝三暮四：比喻人心意不定、反覆無常。
13. 三人成虎：比喻謠言再三重複，亦能使人信以為真。
14. 三緘其口：形容說話謹慎或不說話。
15. 三顧茅廬：比喻對賢才真心誠意的邀請、拜訪。
16. 四通八達：形容交通便利；也形容對事理明白曉暢、融會貫通。
17. 四面楚歌：比喻四面受敵，孤立無援。
18. 五體投地：比喻非常欽佩對方。
19. 五花八門：比喻花樣繁多，變化多端。
20. 六神無主：形容心慌意亂，拿不定主意。
21. 七手八腳：形容人多動作紛亂又沒條理。
22. 七竅生煙：形容焦急或氣憤到了極點。
23. 七上八下：形容心情起伏不定、忐忑不安。
24. 八仙過海：比喻為達目的，各自施展本領。
25. 八面威風：形容聲勢顯赫、威望極盛的樣子。
26. 八面玲瓏：形容人言行手段，十分巧妙，處世圓融。
27. 才高八斗：比喻才學極高。
28. 九死一生：指歷經多次近於死亡的險境，猶能存活。
29. 九霄雲外：比喻天上極其高遠之處。
30. 十全十美：比喻圓滿美好毫無缺陷的境界。
31. 十惡不赦：形容罪大惡極，不可饒恕。
32. 百戰百勝：形容善於作戰，所向無敵。
33. 百年樹人：比喻培養人才是長久之計；也表示培養人才很不容易。
34. 萬紫千紅：比喻事物豐富而多采多姿。
35. 萬象更新：事物或景象改換了樣子，出現了一番新氣象。

36. 千瘡百孔：形容瑕疵漏洞很多，損壞極大。
37. 百步穿楊：形容射箭技術高超或射擊技藝高強。
38. 日理萬機：形容政務繁忙，工作辛苦。
39. 千篇一律：形容事物的形式呆板而毫無變化。
40. 瞬息萬變：在極短的時間內就有很多變化。

註：第40頁至第48頁的成語解釋參見《教育部重編國語辭典修訂本》。

日期：　年　月　日

請把學會的成語打勾。

有顏色字的成語

○黑白分明　○是非黑白　○說黑道白　○青紅皂白　○青出於藍　○青雲直上　○慘綠少年　○嬌紅欲滴　○萬紫千紅　○明日黃花　○固若金湯　○惜墨如金

○黑白不分　○近墨者黑　○白頭偕老　○青天白雲　○青黃不接　○平步青雲　○看破紅塵　○面紅耳赤　○黃梅時節　○直搗黃龍　○億載金城　○火樹銀花

○不分皂白　○月黑風高　○白費功夫　○青山綠水　○雨過天青　○燈紅酒綠　○紅粉佳人　○姹紫嫣紅　○信口雌黃　○飛黃騰達　○金屋藏嬌　○烏煙瘴氣

有動物字的成語

○梧鼠技窮　○九牛二虎　○汗牛充棟　○牛頭馬面　○虎虎生風　○虎口餘生　○虎背熊腰　○虎視眈眈　○狡兔三窟　○乘龍快婿　○臥虎藏龍　○望子成龍　○龍飛鳳舞　○杯弓蛇影　○虎頭蛇尾　○識途老馬　○單槍匹馬　○汗馬功勞　○馬不停啼　○走馬看花　○待罪羔羊　○順手牽羊　○心猿意馬

○獐頭鼠目　○對牛彈琴　○泥牛入海　○吳牛喘月　○狐假虎威　○畫虎類犬　○調虎離山　○虎頭蛇尾　○兔死狗烹　○畫龍點睛　○龍盤虎踞　○生龍活虎　○龍蛇雜處　○巴蛇吞象　○蛇蠍美人　○指鹿為馬　○快馬加鞭　○脫韁野馬　○駟馬難追　○亡羊補牢　○歧路亡羊　○殺雞儆猴　○鶴立雞群

○九牛一毛　○庖丁解牛　○牛刀小試　○如虎添翼　○騎虎難下　○虎入羊群　○談虎色變　○守株待兔　○兔死狐悲　○來龍去脈　○龍馬精神　○龍爭虎鬥　○畫蛇添足　○打草驚蛇　○一馬當先　○塞翁失馬　○懸崖勒馬　○馬到功成　○天馬行空　○羊入虎口　○羊腸小徑　○尖嘴猴腮

有方位字的成語

- ○東拉西扯
- ○東奔西走
- ○東拼西湊
- ○東倒西歪
- ○東張西望
- ○南船北馬
- ○南腔北調
- ○南轅北轍
- ○東山再起
- ○東施效顰
- ○東窗事發
- ○南柯一夢
- ○南國佳人
- ○上下一心
- ○上下其手
- ○上行下效
- ○下筆成章
- ○左思右想
- ○左鄰右舍
- ○左顧右盼
- ○左擁右抱
- ○左右為難
- ○左右逢源
- ○左右開弓
- ○忽左忽右
- ○旁門左道
- ○前仆後繼
- ○前功盡棄
- ○前因後果
- ○前車之鑑
- ○前呼後應
- ○前所未聞
- ○前後夾攻
- ○前程萬里
- ○前途似錦
- ○前嫌冰釋
- ○前歌後舞
- ○盡釋前嫌
- ○後生可畏
- ○後來居上
- ○後起之秀
- ○後患無窮
- ○一前一後
- ○瞻前顧後
- ○內柔外剛
- ○內剛外柔
- ○內輕外重
- ○內疏外親
- ○內暗外明
- ○內憂外患
- ○內應外合
- ○內顧之憂
- ○表裡如一
- ○前無古人

有情緒字的成語

- ○沾沾自喜
- ○喜上眉梢
- ○心花怒放
- ○樂不可支
- ○欣喜若狂
- ○歡聲雷動
- ○喜從天降
- ○喜不自勝
- ○觸目傷心
- ○黯然神傷
- ○其樂無窮
- ○樂此不疲
- ○歡天喜地
- ○歡欣鼓舞
- ○皆大歡喜
- ○怒目橫眉
- ○氣急敗壞
- ○怒髮衝冠
- ○勃然大怒
- ○怒氣沖天
- ○抑鬱寡歡
- ○悶悶不樂
- ○唉聲歎氣

有時間字的成語

○經年累月　○一時半刻　○光陰似箭
○光陰荏苒　○韶光似箭　○日月如梭
○積年累月　○日久歲深　○日不移晷
○度日如年　○萬載千秋　○日久年深
○日久天長

有數字的成語

○瞬息萬變　○一視同仁　○一字千金
○一曝十寒　○一言九鼎　○網開一面
○曇花一現　○舉一反三　○滄海一粟
○黃粱一夢　○三教九流　○家徒四壁
○朝三暮四　○三人成虎　○三緘其口
○三顧茅廬　○四通八達　○四面楚歌
○五體投地　○五花八門　○六神無主
○七手八腳　○七竅生煙　○七上八下
○八仙過海　○八面威風　○八面玲瓏
○才高八斗　○九死一生　○九霄雲外
○十全十美　○十惡不赦　○百戰百勝
○百年樹人　○萬紫千紅　○萬象更新
○千瘡百孔　○百步穿楊　○日理萬機
○千篇一律

有顏色字的成語填空練習。

日期：＿＿年＿＿月＿＿日

1. （　）（　）分明：黑白色區分明顯，比喻是非善惡分明。
2. （　）（　）不分：是非、善惡分不清楚。
3. （　）（　）混淆：比喻是非顛倒、好壞不分。
4. 近墨者（　）：比喻人的習性因環境影響而改變。
5. 月（　）風高：形容沒有月亮，風很大的晚上。
6. 說黑道（　）：信口亂說，妄加批評。
7. （　）頭偕老：形容夫妻恩愛到老。
8. 青紅皂（　）：比喻事情的是非情由。
9. （　）天白日：比喻清明廉潔。
10. 青山（　）水：形容風景的秀麗。
11. 青出於（　）：比喻後輩優於前輩。
12. 青（　）不接：指新穀還沒成熟，存糧又已吃完。
13. 雨過天（　）：比喻情況由壞轉好。
14. （　）雲直上：比喻順利的迅速升到高位。
15. 平步（　）雲：比喻順利晉升到很高的地位。
16. 燈紅酒（　）：形容夜晚尋歡作樂，奢侈淫靡的生活。
17. 慘（　）少年：比喻青春年少。
18. 看破（　）塵：看透了世情。
19. （　）粉佳人：形容容貌美麗的女子。
20. 面（　）耳赤：形容人因緊張、焦急、害羞等而滿臉發紅的樣子。
21. 姹紫嫣（　）：形容花開得鮮豔嬌美。
22. 萬紫千（　）：形容百花盛開，色彩絢麗的景象。
23. 信口雌（　）：比喻不顧事實真相，隨口亂說或妄加批評。
24. 明日（　）花：比喻過時的事物。
25. 直搗（　）龍：直接進擊敵方都城、巢穴。
26. 飛（　）騰達：比喻仕途得意，很快到達高位。
27. 固若（　）湯：比喻防守嚴密，無懈可擊。
28. （　）屋藏嬌：比喻男子納妾或有外遇之事。
29. 惜墨如（　）：比喻寫字、作畫態度謹慎，不輕易下筆。
30. 火樹（　）花：形容燈火通明燦爛的景象。
31. （　）煙瘴氣：形容人事或氣氛黑暗混亂。

有動物字的成語填空練習。

日期：＿＿年＿＿月＿＿日

1. 梧（　）技窮：比喻技能雖多而不精。
2. 獐頭（　）目：形容人相貌鄙陋，令人生厭。
3. 九（　）一毛：比喻極大數量中的一小部分。
4. 九牛二（　）：比喻極大的力量。
5. 對（　）彈琴：比喻講話、做事不看對象。
6. 庖丁解（　）：比喻對事物瞭解透澈，做事能得心應手。
7. 汗（　）充棟：形容書籍極多。
8. 泥（　）入海：比喻一去不復返。
9. （　）刀小試：比喻有大才能，在小事上施展。
10. （　）頭馬面：神話傳說地獄中的鬼卒。
11. 吳（　）喘月：比喻人見到曾受害的類似事物而驚懼害怕。
12. 如（　）添翼：比喻強有力者又增添生力軍，使之更強。
13. 馬馬（　）（　）：勉強將就，敷衍了事。
14. （　）假（　）威：比喻藉著有權者的威勢欺壓他人、作威作福。
15. 騎（　）難下：比喻事情迫於情勢，無法中止，只好繼續做。
16. （　）口餘生：比喻冒大險而不死。
17. 畫虎類（　）：比喻企慕高遠卻無法做到。
18. 虎入（　）群：老虎衝進羊群中。比喻以強欺弱，為所欲為。
19. （　）背（　）腰：形容人的體型魁偉。
20. 調（　）離山：誘使對方離開他的據點，以便趁機行事，達成目的。
21. 談（　）色變：比喻一提及某事就非常害怕。
22. （　）視眈眈：比喻心懷不軌，伺機掠奪。
23. （　）頭（　）尾：比喻做事有始無終。

24. 守株待（　）：比喻拘泥守成，不知變通。

25. 狡（　）三窟：比喻有多處藏身的地方或多種避禍的準備。

26. （　）死（　）烹：比喻事成之後，有功之人即遭到殺戮。

27. （　）死（　）悲：比喻因同類的不幸遭遇而感到悲傷。

28. 乘（　）快婿：比喻好女婿。

29. 畫（　）點睛：比喻在最重要之處加上一筆，使全體更加生動傳神。

30. 來（　）去脈：比喻事情的首尾始末。

31. 臥（　）藏（　）：比喻潛藏著人才。

32. 龍盤（　）踞：形容地勢宏偉險要。

33. 龍（　）精神：形容精神健旺、充沛。

34. 望子成（　）：希望自己的兒子能成大器。

35. 生龍活（　）：比喻活潑勇猛，生氣勃勃。

36. 龍爭（　）鬥：比喻各強爭鬥。

37. 龍飛（　）舞：形容書法筆勢飄逸多姿。

38. 龍（　）雜處：形容分子複雜，通常是指黑道人物。

39. 畫（　）添足：比喻多此一舉，反將事情弄糟。

40. 杯弓（　）影：比喻為不存在的事情枉自驚疑恐懼。

41. 巴蛇吞（　）：比喻人心貪婪無度。

42. 打草驚（　）：比喻行事不密，致使對方有所警覺，而預先防備。

43. 一（　）當先：趕在眾人之前，領先前進。

44. 識途老（　）：比喻有經驗的人對情況比較熟悉，容易把工作做好。

45. 指鹿為（　）：比喻人刻意混淆是非，顛倒黑白。

46. 塞翁失（　）：比喻暫時受到損失，卻因禍得福，終於得到好處。

47. 單槍匹（　）：比喻單獨行動，沒有絲毫助力。

48. 快（　　）加鞭：形容快上加快。
49. 懸崖勒（　　）：比喻到了危險的邊緣而及時回頭。
50. 汗（　　）功勞：指征戰的功勞，亦泛指一般的功勞。
51. 脫韁之（　　）：比喻不受拘束的人或失去控制的事物。
52. （　　）到成功：征戰時戰馬一到便獲得勝利。比喻成功迅速而順利。
53. （　　）不停蹄：到處奔行而不止息。形容忙碌不休。
54. 駟（　　）難追：比喻言之既出，不可挽回。
55. 天（　　）行空：比喻文才氣勢豪放，不受拘束。
56. 走（　　）看花：比喻粗略、匆促地觀看，不能仔細深入。
57. 亡（　　）補牢：比喻犯錯後及時更正，尚能補救。
58. 羊入（　　）口：比喻置身於危險的境地，必死無疑。
59. 代罪羔（　　）：比喻代人受過的人。
60. 歧路亡（　　）：比喻事理繁雜多變，易使誤入迷途，以致一事無成。
61. （　　）腸小徑：形容狹窄曲折的小路。
62. 順手牽（　　）：比喻乘機順便取走他人財物。
63. 殺雞儆（　　）：比喻懲罰一個人以警告其他的人。
64. 尖嘴（　　）腮：尖嘴巴瘦面頰。形容人長相極為醜陋。
65. 心猿意（　　）：心意反覆不定。
66. 鶴立（　　）群：比喻人的儀表才能超群脫凡。

有方位字的成語填空練習

日期：＿＿年＿＿月＿＿日

1.（　）拉西扯：言語、文字雜亂或偏離主題。

2. 東奔（　）走：到處奔走，或為某種目的而四處活動。

3. 東拼（　）湊：把零零星星的東西湊在一起。比喻到處張羅。

4. 東倒（　）歪：❶搖晃欲倒的樣子。❷傾倒零落的樣子。

5. 東張（　）望：四周探望。

6.（　）船（　）馬：比喻南北交通工具有船馬之異。

7.（　）腔（　）調：形容人說話語音不純，夾雜著南北方音。

8.（　）轅（　）轍：比喻行動和想要達到的目的相反。

9.（　）山再起：比喻失敗後重新崛起。

10.（　）施效顰：比喻盲目胡亂地模仿他人，結果卻適得其反。

11.（　）窗事發：指陰謀或非法勾當敗漏。

12.（　）柯一夢：比喻人生如夢，富貴得失無常。

13.（　）（　）一心：大家團結一致，同心協力。

14.（　）（　）其手：形容帶有邪念，不禮貌地觸摸他人身體。

15.（　）行（　）效：指在上位的人怎麼做，下面的人就起而效法。

16.（　）筆成章：比喻才思敏捷且具文采。

17.（　）思（　）想：反覆尋思。

18.（　）鄰（　）舍：鄰居。

19.（　）顧（　）盼：顧慮太多，猶豫不決的樣子。

20.（　）擁（　）抱：比喻妻妾眾多。

21.（　）（　）為難：處境難堪，無所適從。

22.（　）（　）逢源：比喻辦事得心應手或處事圓融。

23.（　）（　）開弓：形容雙手同時或輪流做某一動作。

24. 旁門（　）道：比喻不遵循正規的途徑、法門。

26.（　）仆（　）繼：形容不怕犧牲，奮勇向前。

27.（　）功盡棄：指以前辛苦獲得的成果，全部廢棄。

28.（　　）因（　　）果：事情的起因和結果。

29.（　　）車之鑑：比喻可以作為後人借鏡的失敗經驗或教訓。

30.（　　）呼（　　）擁：形容達官貴人出行時的浩大聲勢及排場。

31.（　　）所未聞：從來未曾聽說過。

32. 不顧（　　）（　　）：有欠考慮的、沒顧忌的。

33.（　　）程萬里：比喻將來成就遠大，多為祝福他人的話。

34.（　　）程似錦：比喻未來的成就非常輝煌燦爛。

35.（　　）歌後舞：歌頌為正義而戰的軍隊士氣旺盛。

36.（　　）生可畏：比喻年輕人的成就超越先輩，令人敬畏。

37.（　　）來居上：形容後來的人或事物超越原領先者。

38.（　　）起之秀：稱譽後輩中的優秀人物。

39.（　　）患無窮：日後的禍患，將永無斷絕之日。

40. 瞻（　　）顧（　　）：❶形容做事謹慎周密。❷做事猶豫不決，顧慮太多。

41.（　　）柔（　　）剛：內在柔弱而外表剛強。

42.（　　）柔（　　）剛：外表柔順，內心剛毅。

43.（　　）憂（　　）患：比喻個人所遭遇的內在糾紛與外在壓力的困境。

44. 攘（　　）安（　　）：排除外來侵略，安定國家內部。

45.（　　）顧之憂：來自家庭或國家內部的憂患。

46. 表（　　）如一：內外一致。指思想和言行一致。

47.（　　）無古人：空前的，從沒有人做過的。

日期：＿＿年＿＿月＿＿日

有情緒字的成語填空練習。

1. 沾沾自（　　）：形容自得自滿的樣子。
2. （　　）上眉梢：喜悅之情流露於眉宇之間。
3. 心花（　　）放：形容心情極其快活。
4. （　　）不可支：形容快樂到了極點。
5. 欣（　　）若狂：形容快樂、高興到了極點。
6. （　　）聲雷動：歡呼的聲音像雷響一樣。形容熱烈歡樂的場面。
7. （　　）從天降：突然遇到意想不到的喜事而心中歡喜。
8. （　　）不自勝：高興得不得了。
9. 觸目（　　）心：目光所及，令人悲傷。
10. 黯然神（　　）：心神沮喪，神情憂傷。
11. 其（　　）無窮：樂趣無窮無盡。
12. （　　）此不疲：指特別喜好做某些事，而不以為倦苦。
13. （　　）天（　　）地：非常歡喜高興的樣子。
14. （　　）欣鼓舞：歡樂振奮的樣子。
15. 皆大歡（　　）：大家都十分高興、滿意。
16. （　　）目橫眉：瞪大眼睛，眉毛橫豎。形容滿臉怒容。
17. （　　）急敗壞：形容惱怒的樣子。
18. （　　）髮衝冠：形容盛怒的樣子。
19. 勃然大（　　）：忿怒的樣子。
20. （　　）氣沖天：怒氣直沖天際。形容十分憤怒。
21. 抑鬱寡（　　）：憂愁不樂的樣子。
22. 悶悶不（　　）：心情憂鬱不快樂。
23. （　　）聲歎氣：因苦悶、傷感或痛苦而發出嘆息的聲音。

日期：＿＿年＿＿月＿＿日

有時間字的成語填空練習。

1. 一（　）半（　）：一下子、突然。指極短的時間。
2. （　）陰似箭：形容時間消逝如飛箭般迅速。
3. 韶（　）荏苒：形容時光漸漸的流逝。
4. 韶（　）似箭：形容時光像箭一樣飛逝不再。
5. （　）（　）如梭：形容時光消逝迅速。
6. （　）久天長：形容時間長久。
7. 經（　）累（　）：經過很長的時間。
8. （　）不移晷：時間短暫迅疾，連日影都沒移動。比喻非常迅速。
9. 度（　）如（　）：過一天如過一年般的長。比喻日子不好過。
10. （　）久歲深：形容時間長久。
11. 積（　）累（　）：時間長久。
12. 地久（　）長：泛指時間長遠如天地般永遠。
13. 萬載千（　）：世世代代。形容時間長久。
14. （　）久年深：形容時間長久。

日期：＿＿年＿＿月＿＿日

有數字的成語填空練習。

1. （　）視同仁：指平等待人，不分親疏厚薄。
2. （　）字（　）金：比喻文辭精當，結構嚴謹；或形容價值極高的作品。
3. （　）曝（　）寒：比喻人學習或工作不能有所堅持，缺乏恆心。
4. （　）言（　）鼎：形容說話很有信用。
5. 網開（　）面：比喻寬大仁厚，對犯錯的人從寬處置。
6. 曇花（　）現：比喻美好的事物或景象出現了一下，很快就消失。
7. 舉（　）反（　）：形容人於學習中善於觸類旁通。
8. 滄海（　）粟：比喻渺小而微不足道。
9. 黃粱（　）夢：比喻榮華富貴如夢似幻，終歸泡影。
10. （　）教（　）流：指社會上各種行業或各色人物。
11. 家徒（　）壁：形容家境極為貧困。
12. 朝（　）暮（　）：比喻人心意不定、反覆無常。
13. （　）人成虎：比喻謠言再三重複，亦能使人信以為真。
14. （　）緘其口：形容說話謹慎或不說話。
15. （　）顧茅廬：比喻對賢才真心誠意的邀請、拜訪。
16. （　）通（　）達：形容交通便利。
17. （　）面楚歌：比喻四面受敵，孤立無援。
18. （　）體投地：比喻非常欽佩對方。
19. （　）花（　）門：比喻花樣繁多，變化多端。
20. （　）神無主：形容心慌意亂，拿不定主意。
21. （　）手（　）腳：形容人多動作紛亂又沒條理。
22. （　）竅生煙：形容焦急或氣憤到了極點。
23. （　）上（　）下：形容心情起伏不定、忐忑不安。
24. （　）仙過海：比喻為達目的，各自施展本領。
25. （　）面威風：形容聲勢顯赫、威望極盛的樣子。
26. （　）面玲瓏：形容人言行手段，十分巧妙，處世圓融。

27. 才高（　　）斗：比喻才學極高。
28. （　　）死一生：指歷經多次近於死亡的險境，猶能存活。
29. （　　）霄雲外：比喻天上極其高遠之處。
30. （　　）全（　　）美：比喻圓滿美好毫無缺陷的境界。
31. （　　）惡不赦：形容罪大惡極，不可饒恕。
32. （　　）戰（　　）勝：形容善於作戰，所向無敵。
33. （　　）年樹人：比喻培養人才是長久之計。
34. （　　）紫千紅：比喻事物豐富而多采多姿。
35. （　　）象更新：事物或景象改換了樣子，出現了一番新氣象。
36. （　　）瘡百孔：形容瑕疵漏洞很多，損壞極大。
37. （　　）步穿楊：形容射箭技術高超或射擊技藝高強。
38. 日理（　　）機：形容政務繁忙，工作辛苦。
39. （　　）篇一律：形容事物的形式呆板而毫無變化。
40. 瞬息（　　）變：在極短的時間內就有很多變化。

三、量詞／標點符號篇

㈠量詞大集合

㈡認識標點符號

(一)量詞大集合

認識量詞

「量詞」就是在計算事物時，在名詞之前加上之字詞，例如：一隻狗、一串香蕉中的「隻」和「串」就是量詞。

量詞介紹

一個（人、書包）	一場（大雨、夢、比賽、遊戲）	一位（老人、老師）
一顆（球、水果）	一盒（蛋糕、蛋）	一頭（牛、羊）
一棵（樹）	一條（毛巾、魚、褲子）	一隻（狗、鳥）
一片（葉子、草地、森林）	一株（小草）	一匹（馬）
一朵（花、白雲）	一件（衣服、家具）	一扇（窗戶、門）
一股（臭味、香味）	一把（傘、尺）	一滴（雨滴、眼淚）
一陣（敲門聲、風）	一首（歌）	一道（彩虹、牆）
一張（沙發、桌子、紙、床）	一架（飛機）	一座（廟、山、公園）
一間（教室）	一艘（船）	一輪（明月、紅日）
一根（香蕉、針、燈管）	一杯（水）	一瓶（汽水、香水）
一串（葡萄、香蕉）	一幅（畫）	一台 輛（車）
一頂（帽子）	一副（眼鏡）	一棟（房子）
一枝（筆、玫瑰花）	一封（信）	一本（書、日記）
一支（燈管、隊伍、火箭）	一盞（燈）	

請看圖寫出正確量詞。

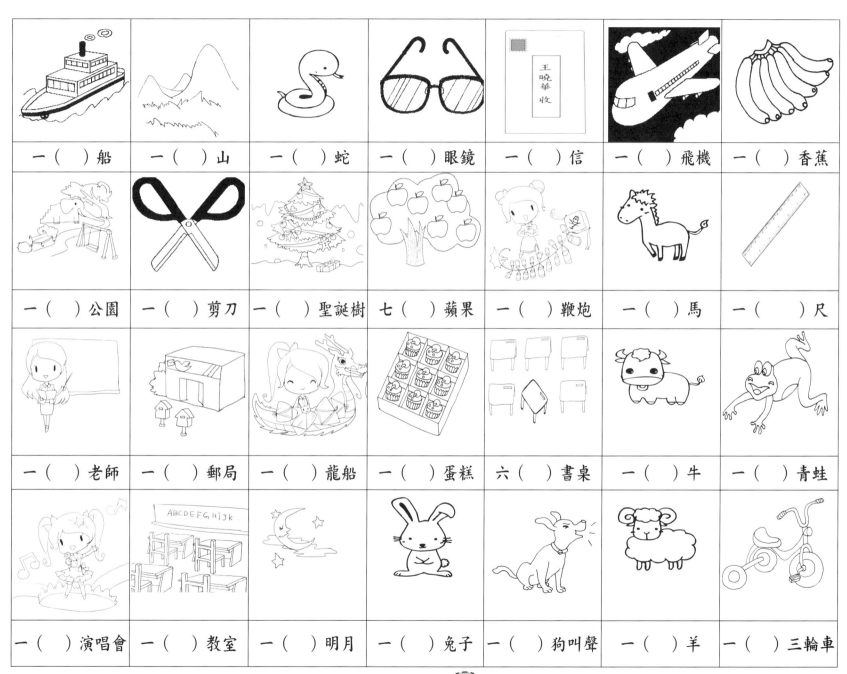

日期：　年　月　日

	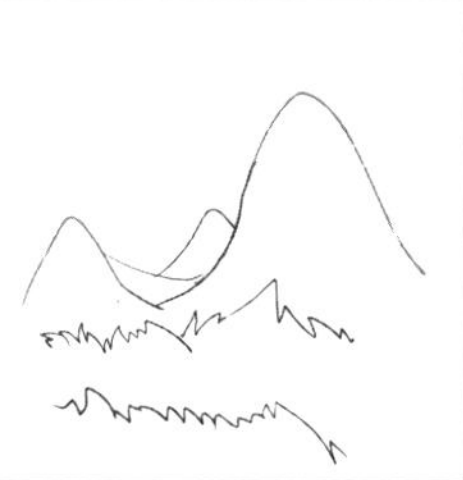			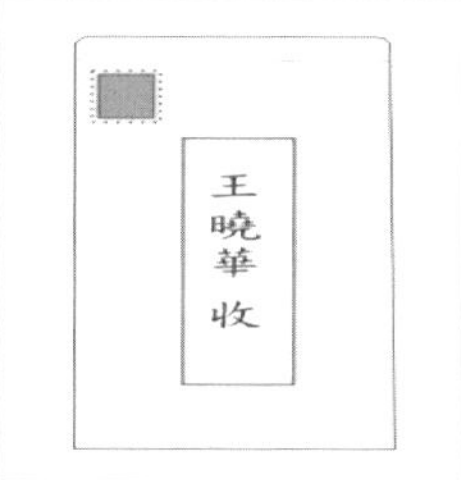		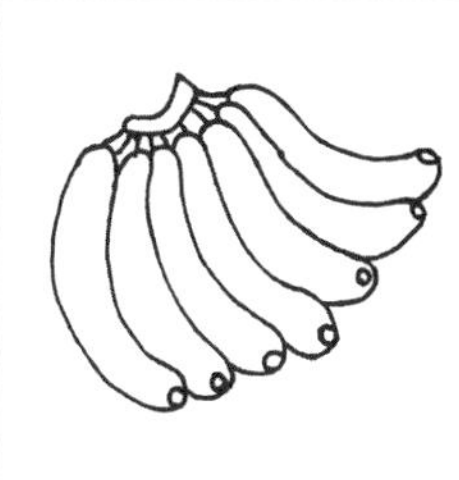
一（　）船	一（　）山	一（　）蛇	一（　）眼鏡	一（　）信	一（　）飛機	一（　）香蕉
						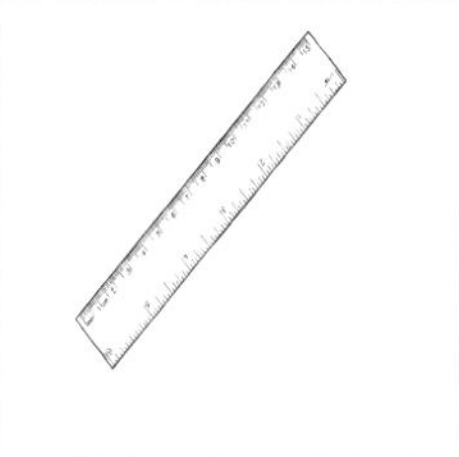
一（　）公園	一（　）剪刀	一（　）聖誕樹	七（　）蘋果	一（　）鞭炮	一（　）馬	一（　）尺
				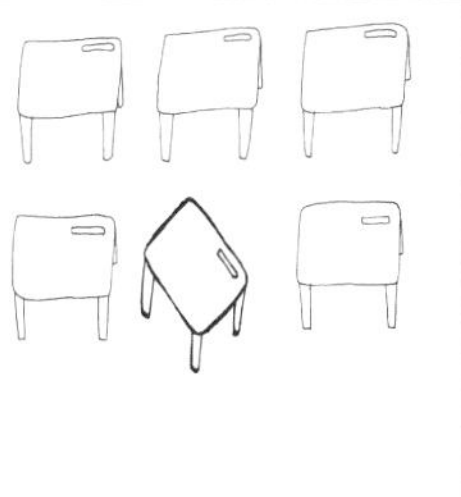		
一（　）老師	一（　）郵局	一（　）龍船	一（　）蛋糕	六（　）書桌	一（　）牛	一（　）青蛙

一（　）演唱會	一（　）教室	一（　）明月	一（　）兔子	一（　）狗叫聲	一（　）羊	一（　）三輪車

請填入正確的量詞。

日期：　　年　　月　　日

一（　）書包	一（　）球	一（　）樹	一（　）森林	一（　）白雲	一（　）香味	一（　）風	一（　）桌子	一（　）教室	一（　）針	一（　）香蕉	一（　）帽子	一（　）筆
一（　）比賽	一（　）蛋	一（　）魚	一（　）小草	一（　）衣服	一（　）傘	一（　）歌	一（　）飛機	一（　）船	一（　）水	一（　）畫	一（　）眼鏡	一（　）信
一（　）老師	一（　）牛	一（　）狗	一（　）馬	一（　）窗戶	一（　）雨滴	一（　）彩虹	一（　）公園	一（　）明月	一（　）香水	一（　）車	一（　）房子	一（　）日記

(二)認識標點符號

標點	說明	圖
，	**逗號**像蝌蚪，句子中，游一游。	
、	**頓號**像芝麻，語詞間，撒一撒。	
。	**句號**像甜甜圈，句子後，停一停。	
？	**問號**像勾子，問問題，想一想。	
；	**分號**像小蝌蚪戴帽子，長句間，分一分。	
：	**冒號**像雨點，提示下面，點兩點。	
！	**驚嘆號**像球棒，加強語氣，揮一揮。	
﹏﹏	**書名號**像小蟲，書名旁，爬一爬。	
……	**刪節號**像毛毛蟲，刪除文字，點六點。	

標點符號的使用時機。

符號	使用時機	例句
句號 。	*完整說完一句話之後。 *兩個句子的關聯性不強。	*我們到動物園玩。大家非常高興，因為有許多可愛的動物。
逗號 ，	*放在句子中間，有關聯性的句子。	*他很生氣，因為玩具被弟弟弄壞了。
頓號 、	*在同類語詞中，區隔短小語詞。 *逗號是區隔較長語句。	*我喜歡吃西瓜、香蕉和蘋果。
分號 ；	*標明並列或對比的分句。有轉折時也可使用。	*一種是草食性，如牛、羊；一種是肉食性，如獅子。
冒號 ：	*出現在前後文間，前後文表達相同意思。 *提引下文或對話中。	*好學生的定義是：上課認真，對人有禮貌，不說謊。 *媽媽說：「不可以說謊。」

符號	使用時機	例句
引號 「」	*引用成語、典故或諺語時使用。 *對話時使用。	媽媽說：「天氣好，我們出去玩；天氣不好，我們在家看電視。」
破折號 ——	*提引下文，總結上文。用法和冒號相同。 *表達時間的延續。	*七點——八點是上課時間。
刪節號 ……	*表達「話還沒說完、寫完」。 *表達「驚喜、疑問」。	*我喜歡吃香蕉、蘋果、西瓜……。 *是你……是你……
問號 ？	*表示疑惑、發問、反問的句子。	*你喜歡吃香蕉嗎？
書名號 ﹏	*用來標明書名、篇名的符號。 *直寫時，加在左邊；橫寫時，加在下面。	*我最喜歡的書是海倫凱勒的一生。
驚嘆號 ！	*用於感嘆語氣及加重語氣的詞、語、句之後。	*媽媽穿上這件洋裝，真是漂亮極了！

日期：＿＿年＿＿月＿＿日

請連一連，把符號跟名稱配對。

符號	名稱
、	句號
。	頓號
；	問號
？	分號
！	冒號
……	驚嘆號
：	刪節號
，	書名號
﹏	逗號

請填入正確的標點符號。

1 老師帶我去動物園玩

2 中秋節　晚風飄　賞月樂趣多

3 花園有很多花　有紅的　黃的　橘的　美麗極了

4 天氣好　我們去爬山　天氣不好　我們看書

5 一年有四個季節　春　夏　秋　冬

6 今天的天氣真好呀

7 他說　　這是誰的筆

8 我最喜歡的書是愛迪生的一生

9 媽媽很辛苦　每天掃地　洗衣　煮菜　　有做不完的事

四、句型篇

(一)並列句
(二)因果句
(三)承接句(連貫句)
(四)假設句
(五)條件句
(六)轉折句
(七)目的句
(八)遞進句
(九)選擇句
(十)九大句型關聯詞分類表

九大複句句型概覽

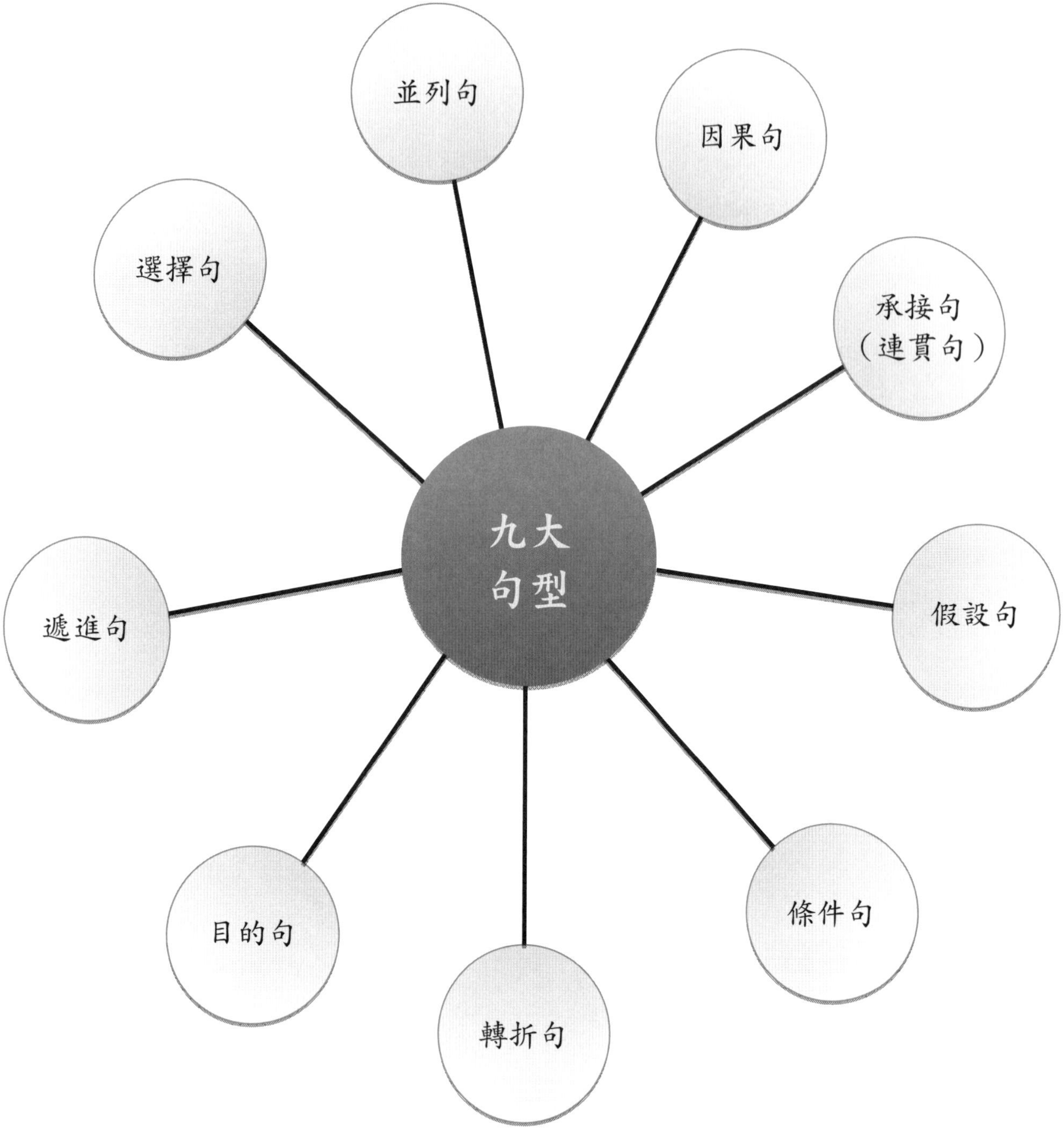

只要有條件，
因為是因果，
一邊一邊是並列，
一就是承接（連貫），
假如是假設，
為了是目的，
但是變轉折，
除了還是遞進，
是還是要選擇。

句型	相關詞	例句
1. 並列句	(1)又……又…… (2)既……又…… (3)一邊……一邊…… (4)是……不是…… (5)也…… (6)一面……一面…… (7)不是……而是…… (8)有時……有時……	他在公園**一邊**騎車，**一邊**唱歌。
2. 因果句	(1)因為……所以…… (2)由於…… (3)為的是…… (4)（因為）……所以…… (5)因此…… (6)有……才…… (7)既然……就……	**因為**哥哥很努力念書，**所以**成功考上好大學。
3. 承接句（連貫句）	(1)接著…… (2)首先……然後…… (3)然後…… (4)起先……後來…… (5)一……就…… (6)先……再…… (7)先是……接著……後來…… (8)於是…… (9)便……	妹妹今天回到家，**先**去寫作業，**再**去吃晚餐。
4. 假設句	(1)如果……就…… (2)假如……就…… (3)要是……就…… (4)假使……就…… (5)就算……也…… (6)如果不…… (7)即使……也……	**如果**明天天氣晴朗，我們**就**可以去公園玩。
5. 條件句	(1)只要……就…… (2)無論……都…… (3)只有……才…… (4)除非……才…… (5)沒有……就…… (6)非得……才會…… (7)能……都是……	**只要**努力運動，身體**就**會愈來愈健康。

句型	相關詞	例句
6. 轉折句	(1) 雖然……但是…… (2) 不過…… (3) 固然……卻…… (4) 只是…… (5) 儘管……卻…… (6) ……卻…… (7) 雖然……可是…… (8) 然而……	**儘管**沒有錢，他**卻**還是想上大學。
7. 目的句	(1) 為了……都…… (2) 為了……所以 (3) 以便…… (4) 以免…… (5) 免得…… (6) 為了……起見……	**為了**方便起見，我現在**都**搭乘公車去上班。
8. 遞進句	(1) 不但……還…… (2) 不僅……也…… (3) 除了……還…… (4) 既可以……又可以…… (5) 不但沒有……反而…… (6) 不但……而且…… (7) 不但……也……甚至……	運動**不但**可以減肥，**還**可以健身。
9. 選擇句	(1) 不是……就是…… (2) 也許……也許…… (3) 是……還是…… (4) 與其……不如…… (5) 或者……	他**不是**在家，**就是**在學校。

句型教學

日期：＿＿年＿＿月＿＿日

㈠並列句

※認識並列句

句子中出現二個以上平行語詞或句子，用來描述人、事、物的狀態，稱為並列句。這些平行的語詞或分句可以是物品的「形狀」、「顏色」等的描述，或是人物的「動作」和「個性」等，例如：他在公園一邊騎車，一邊唱歌。

※並列句相關語詞

1. 又……又……
2. 既……又……
3. 一邊……一邊……
4. 是……不是……
5. 也……
6. 一面……一面……
7. 不是……而是……
8. 有時……有時……

※並列句內容

1. 並列聯想練習

休閒活動	唱歌、跳舞、跑步、打球、聽音樂、看書
形狀／外表	大、中、小、圓、扁、方、正、高、矮、胖、瘦、粗、細、長、短、美、醜、漂亮、可愛
顏色	紅、黃、藍、綠、黑、白、灰、紫
動作	跑、跳、走、看、說、哭、笑、飛
個性	乖巧、懂事、美麗、可愛、溫柔、熱心、熱情、認真、負責、慈祥、親切
情緒	高興、開心、快樂、難過、生氣、擔心、害怕、喜歡、愉快、寂寞

2. 圈出並列的語詞或分句

(1) 弟弟一邊唱歌一邊跳舞，真是開心極了！

(2) 東西是弟弟的，不是妹妹的。

(3) 花園裡有紅色的玫瑰花，也有白色的山茶花。

3. 造句練習

誰		動作／活動／個性／情緒等		動作／活動／個性／情緒等
他	一邊	工作	一邊	念書
班上同學	有的	寫作業	有的	玩遊戲
爸爸	又	會唱歌	又	會跳舞
妹妹	那麼	可愛	那麼	活潑

※並列句練習

1. 一邊……一邊……

【例句】：妹妹在前往阿里山的路上，一邊唱歌，一邊欣賞沿路美麗的風景。

【練習】

(1) 學生一邊（　　　　），一邊（　　　　）。

(2) 獅子一邊（　　　　），一邊（　　　　）。

2. 又……又……

3. 既……又……

4. 一邊……一邊……

5. 是……不是……

6. 也……

7. 一面……一面……

8. 不是……而是……

9. 有時……有時……

日期：＿＿年＿＿月＿＿日

㈡因果句

※認識因果句

表示原因及結果的句子，稱為因果句。其結構為人物＋因為（**原因**）＋所以（**結果**），或是人物（**誰**）＋之所以（**結果**）＋是因為（**原因**），例如：**我因為努力複習，所以得到好成績**。

※因果句相關語詞

1. 因為……所以……
2. 由於……
3. 為的是……
4. （因為）……所以……
5. 因此……
6. 有……才……
7. 既然……就……

※因果句內容

1. 原因、結果聯想練習

原因	結果
努力運動	減肥健康
用功讀書	考試進步
辛苦工作	養活一家人
上課專心	考試進步
合作	得第一
努力打掃	乾淨

2. 圈出原因和結果，並在圈選處旁邊標上原因和結果。

(1) 因為他很用功讀書，所以成績進步了。

(2) 由於妹妹上課很專心，因此考100分。

(3) 我能趕上這班火車，都是他提醒我提早出門。

3. 造句練習：(誰)＋(結果)＋(原因)

(1) **能……都是……**

1-1 學校能這麼（　　　　）, 都是大家（　　　　）的結果。

1-2 大隊接力比賽能得到（　　　　）, 都是（　　　　）。

(2) **之所以……是因為……**

2-1 （　妹妹　）之所以（　　　　）, 是因為（　　　　）。

2-2 （　　　　）之所以（　　　　）, 是因為（　　　　）。

(3) **牛刀小試**

3-1 因此……他昨天感冒發燒，＿＿＿＿

3-2 由於……＿＿＿＿

3-3 為的是……＿＿＿＿

3-4 因為……所以……＿＿＿＿

3-5 (因為)……所以……＿＿＿＿

3-6 既然……就……＿＿＿＿

※因果句練習

1\. 因為……所以……

【例句】：**因為**妹妹（上課專心），**所以**作業（很快完成）。
【練習】
(1)因為爸爸（每天辛苦工作），所以（　　　　　　　　　）。
(2)因為媽媽（　　　　　　　），所以（　　　　　　　　　）。

2\. 由於……因此……

【例句】：由於他努力（練習投球），因此棒球賽（得了冠軍）。
【練習】
(1)由於小美喜歡（　　　　　　），因此常參加（　　　　　　）。
(2)由於她（　　　　　　　　　），因此身體很（　　　　　　）。

3\. 為的是……
____

4\. （因為）……所以……
____

5\. 因此……
____

6\. 有……才……
____

7\. 既然……就……
____

㈢承接句（連貫句）

日期：＿＿年＿＿月＿＿日

※認識承接句（連貫句）

當句子中呈現有**先**、**後**的連續關係，稱為承接句（連貫句），例如：妹妹**要先**寫作業，**才能**出去玩。

※承接句（連貫句）相關語詞

1. 接著……
2. 首先……然後……
3. 然後……
4. 起先……後來……
5. 一……就……
6. 先……再……
7. 先是……接著……後來……
8. 於是……
9. 便……

※承接句（連貫句）練習

1. 先……再……

【例句】：我們去自然科學博物館，**先**看（恐龍展），**再**看（太空劇場）。

【練習】

(1)小平和同學到遊樂場，先玩（　　　　　），再玩（　　　　　）。

(2)我們星期日到動物園，先看（　　　　　），再看（　　　　　）。

2. 接著……＿＿＿＿＿＿＿＿

3. 首先……然後……＿＿＿＿＿＿＿＿

4. 起先……後來……＿＿＿＿＿＿＿＿

5. 一……就……＿＿＿＿＿＿＿＿

6. 先是……接著……後來……＿＿＿＿＿＿＿＿

7. 於是……＿＿＿＿＿＿＿＿

8. 便……＿＿＿＿＿＿＿＿

日期：＿＿年＿＿月＿＿日

(四)假設句

※認識假設句

句子中常出現「如果」、「假如」、「假使」、「要是」、「若」……等假設語氣，由**假設推論結果，稱為假設句**。假設句為「**假設＋結果**」的句型，例如：**如果**明天天氣晴朗，我們**就可以**到台北旅行。

※假設句相關語詞

1. 如果……就…… 2. 假如……就…… 3. 要是……就……

4. 假使……就…… 5. 就算……也…… 6. 如果不……

7. 即使……也……

※假設句內容

1. 假設聯想練習

假設	結果
每天運動	減肥健康
用功讀書	考試進步
辛苦工作	養活一家人
明天下雨	取消戶外教學

2. 圈出假設和結果，並在圈選處旁邊標上假設和結果。

(1) 如果我有一千萬，我就要去環遊世界。

(2) 假如明天下雨，他就不會去打球。

(3) 要是妹妹每天多吃飯，就能長高一點。

3. 關聯詞練習，在括號內填寫表示**假設關係**的關聯詞。

(1) 你（　　）具備證照，願意努力，（　　）可以比別人多一份機會找到工作。

(2) 你（　　）有仔細觀察，認真對照，（　　）可以從紀錄中發現錯誤。

(3)（　　）你願意付出，將來（　　）一定會有所收穫。

(4)（　　）事情順利進行，下星期（　　）會有大訂單進來。

※假設句練習

1. 造句練習

提示 1：（**誰**）**如果**（**做什麼事**），**就可以**（**什麼結果**）。

提示 2：**如果**（**做什麼事**），（**誰**）**就**（**什麼結果**）。

(1) 如果……就……＿＿＿＿＿＿＿＿

(2) 假如……就……＿＿＿＿＿＿＿＿

(3) 要是……就……＿＿＿＿＿＿＿＿

(4) 假使……就……＿＿＿＿＿＿＿＿

2. 用「假設關聯詞」將兩個句子組合成**一個**假設句。

例題：(1) 小花有一千萬。

(2) 小花要去環遊世界。（**提示：如果……就……**）

⇩ 小花**如果**有一千萬，她**就**要去環遊世界。

【練習 1】(1) 你有仔細觀察。

(2) 你可以比別人多一份機會找到工作。（**提示：假如……就……**）

⇩ ＿＿＿＿＿＿＿＿＿＿＿＿＿＿＿＿

【練習 2】(1) 你保持樂觀開朗的天性。

(2) 你不會有那麼多煩惱。（**提示：假使……就……**）

⇩ ＿＿＿＿＿＿＿＿＿＿＿＿＿＿＿＿

日期：＿＿年＿＿月＿＿日

㈤條件句

※認識條件句

句子中包含「**條件分句**」和「**結果分句**」**兩種，稱為條件句**。條件分句說明做的一件事，結果分句表示做這件事產生的結果，例如：他相信**只要**努力運動（條件分句），身體**一定會**愈來愈健康（結果分句）。

※條件句相關語詞

1. 只要……就……　2. 無論……都……　3. 只有……才……

4. 除非……才……　5. 沒有……就……　6. 非得……才會……

7. 能……都是……

※條件句內容

1. 條件、結果聯想練習

A條件（做一件事）	**B結果（產生的結果）**
運動	減肥、減重、保持身材
用功讀書	增加知識、成績進步
辛苦工作	賺錢、生活富裕
上課專心	成績進步

2. 圈出條件分句與結果分句，並在圈選處旁邊標上條件和結果。

(1) 只有誠實，才能得到他人的信任。

(2) 只要他肯認真聽教練的指導，就能學會游泳。

(3) 我們非得認真工作，才會有穩定的生活。

※條件句練習

人物（誰）		B結果分句（產生的結果）		A條件分句（做一件事）
我	能	減肥成功	都是	努力運動的結果
他	能	成績進步	都是	（　　）
（　　）	能	賺很多錢	都是	辛苦工作而來的
妹妹	能	（　　）	都是	上課專心的結果
（　　）	能	（　　）	都是	（　　）

練習用「條件關聯詞」將兩個句子組合成**一個**條件句。

例題：(1)姐姐每天努力做運動。

(2)姐姐減重成功。（**提示：只要……就能……**）

⇩**只要**姐姐每天努力做運動，她**就能**減重成功。

【練習1】(1)奇奇用功讀書。

(2)奇奇考試及格。（**提示：只要……就……**）

⇩＿＿＿＿＿＿＿＿＿＿＿＿＿＿＿＿＿＿＿＿。

【練習2】(1)弟弟不斷地練習。

(2)弟弟在運動場上得到最好的成績。（**提示：只有……才……**）

⇩＿＿＿＿＿＿＿＿＿＿＿＿＿＿＿＿＿＿＿＿。

【練習3】(1)弟弟寫完作業。

(2)弟弟去公園打球。（**提示：除非……才……**）

⇩＿＿＿＿＿＿＿＿＿＿＿＿＿＿＿＿＿＿＿＿。

日期：____年____月____日

(六) 轉折句

※認識轉折句

在複合句子中，後面的句子不是順著前面句子的意義，而是朝相反方向表達，前後句的意思不同或是**相反**，稱為轉折句，例如：**儘管**台北的生活條件很好，爺爺**還是**想回台南鄉下老家居住。

※轉折句相關語詞

1. 雖然……但是…… 2. 不過…… 3. 固然……卻……
4. 只是…… 5. 儘管……卻…… 6. ……卻……
7. 雖然……可是…… 8. 然而……

※轉折句內容

1. 轉折聯想練習

事件	關聯聯想	相反聯想
年紀小	力氣小、膽子小、依賴	力氣大、勇敢、獨立
年紀大	動作慢、走不動	動作靈巧、走得快
身材胖	動作笨拙	動作靈巧
功課不好	放棄學習	努力學習

2. 圈出轉折關聯詞

(1) 他雖然年紀小，但是力氣很大。
(2) 儘管弟弟練習了十次，但還是沒有考到八十分。
(3) 今天放颱風假，不過他還是要去公司上班。

※轉折句練習

1. 造句練習

(1) 雖然……可是……

1-1 我雖然（　　　　）可是（　　　　）。

(2) 儘管……卻……

2-1 儘管（　下大雨　）（　　　　）。

2. 練習用「轉折關聯詞」將兩個句子組合成**一個轉折句**

例題：(1) 小方年紀小。

(2) 小方力氣很大。（**提示：雖然……但是……**）

⇩ 小方**雖然**年紀小，**但是**他的力氣很大。

【練習1】(1) 弟弟練習了十次。

(2) 弟弟沒有考到八十分。（**提示：儘管……卻……**）

⇩ ____________________

【練習2】(1) 昨天天氣風雨交加。

(2) 昨天要上班上課。（**提示：然而……**）

⇩ ____________________

【練習3】(1) 爺爺已經八十歲。

(2) 爺爺常參加慢跑比賽。（**提示：卻……**）

⇩ ____________________

日期：＿＿年＿＿月＿＿日

㈦目的句

※認識目的句

在複句中，一個分句敘述一種動作行為，另一個分句說明這種動作行為的目的或原因，表示**行為**和**目的**的關係的句子，稱為目的句，例如：**為了**方便起見，我現在**都**搭乘公車去上班。

※目的句相關語詞

1. 為了……都……　2. 為了……所以……　3. 以便……
4. 以免……　5. 免得……　6. 為了……起見……

※目的句練習

【例題】為了……都……（提示：寫出在學校中觀察到的事物或發生的事情）

⇩我們**為了**在合唱比賽能得到第一名，每天**都努力練習**。

【練習1】為了……所以……

提示：寫出在家中觀察的事物或發生的事情。

例句：媽媽為了迎接外婆的到訪，所以一早就上菜市場採買新鮮蔬果。

⇩

【練習2】以便……

⇩

【練習3】以免……

⇩

【練習4】免得……

⇩

【練習5】為了……起見……

⇩

日期：＿＿年＿＿月＿＿日

(八) 遞進句

※認識遞進句

在複句中，後面一句比前面一句在程度、時間或數量等方面有更進一層的關係，例如：九曲巷**除了**防風以外，**還可以**防盜。

※遞進句相關語詞

1. 不但……還……
2. 不僅……也……
3. 除了……還……
4. 既可以……又可以……
5. 不但沒有……反而……
6. 不但……而且……
7. 不但……也……甚至……

※遞進句內容

1. 遞進聯想練習

誰／事物	活動一	活動二
爸爸	煮飯	做蛋糕
王伯伯	打籃球	
	養小狗	
誰／事物	**形容一**	**形容二**
老師	美麗大方	氣質出眾
	美味可口	
	造型可愛	

2. 圈出有更進一層關係的句子

(1)哥哥不但用功讀書，而且熱心公益活動。

(2)他除了會唱英文歌，還會唱義大利歌曲。

(3)這部卡通不僅受小朋友喜歡，還受到家長的喜愛。

※遞進句練習

1. 造句練習

(1) 不但……而且……

我的媽媽				
不但				
會說英語				
，				
而且				
會說日語				
。				

(2) 除了……還……

這個花瓶				
除了				
造型典雅				
，				
還				
價格合理				
。				

2. 句型練習：根據提示，再配合「遞進句」練習造句。

【例題】**不但**……**而且**……

提示：姐姐參加作文和演講比賽，都得了第一名。

⇩姐姐**不但**參加作文比賽得了第一名，**而且**演講比賽也是第一名。

【練習1】**不僅**……**也**……

提示：小真被媽媽和老師稱讚是認真負責的小幫手。

⇩

【練習2】**除了**……**還**……

提示：1. 媽媽很辛苦。

2. 媽媽每天上班和照顧我們。

⇩

【練習3】**不僅**……**更**……

提示：1. 國人一起幫助災區的人們。

2. 大家出了很多錢，也出了力。

⇩

日期：＿＿年＿＿月＿＿日

㈨選擇句

※認識選擇句

在複句中，二個分句之間具有選擇的關係，稱為選擇句，例如：他明天**不是**坐飛機去高雄，**就是**坐高鐵去。

※選擇句相關語詞

1. 不是……就是……
2. 也許……也許……
3. 是……還是……
4. 與其……不如……
5. 或者……

※選擇句練習

【練習1】不是……就是……

⇩

【練習2】也許……也許……

⇩

【練習3】是……還是……

⇩

【練習4】與其……不如……

⇩

【練習5】或者……

⇩

九大句型關聯詞分類表

句型					
承接連貫句	一……就……	先……再……	首先……然後……	起先……後來……	一開始……接著……最後……
轉折句	……卻……	……不過……	……然而……	雖然……但是……	儘管……還是……
目的句	為了……所以……	……以免……	……以便……	……免得……	……省得……
遞進句	不但……更……	除了……還……	不僅……也……	既可以……又可以……	甚至……
選擇句	是……還是……	不是……就是……	或者（或）……或者（或）……	與其……不如……	寧可……也不……
並列句	一邊……一邊……	又……又……	一方面……另一方面……	有時……有時……	不是……而是……
假設句	假如……就……	如果……就……	假使……就……	要是……就……	即使……也……
因果句	因為……所以……	由於……因此……	能……都是……	有……才……	……因此……
條件句	只要……就……	唯有……才能……	每當……總……	無論……都……	不管……總……

五、綜合練習

㈠第一階段到第三階段九大句型歸納表

㈡九大句型綜合練習

㈠第一階段到第三階段九大句型歸納表

第一階段句型整理㈠。

句型	相關詞	例句
1. 並列句	(1)一起……一起…… (2)一邊……一邊…… (3)有的……有的…… (4)有……還有……	他在公園**一邊**騎車，**一邊**唱歌。
2. 承接句（連貫句）	(1)只好……	今天天氣不好，他**只好**在家看書。
3. 條件句	(1)還好……才……	**還好**妹妹出門有帶雨傘，**才**不會被雨淋溼。
4. 轉折句	(1)……卻……	他功課很好，**卻**不驕傲。
5. 遞進句	(1)也…… (2)比……還……	哥哥鉛筆盒裡的鉛筆，**比**妹妹的**還**多。

第一階段句型整理(二)。

句型	相關詞	例句
1. 並列句	(1) 一起……一起…… (2) 又……又…… (3) 有……有……還有……	公園有很多遊樂設施，**有**溜滑梯，**有**搖搖馬，**還有**盪鞦韆等。
2. 承接句（連貫句）	(1) 先……再…… (2) 一……就……	妹妹今天要**先**看書，**再**畫畫。
3. 假設句	(1) 如果……就…… (2) 要是……就……	**如果**明天天氣晴朗，我們**就**可以去公園玩。
4. 條件句	(1) 只要……就…… (2) 只要……都…… (3) 不管……都……	**只要**努力運動，身體**就**會越來越健康。
5. 轉折句	(1) ……卻…… (2) 但是…… (3) 雖然……卻……	**雖然**他身上沒有錢，**卻**還是想買一輛車。
6. 遞進句	(1) 不只……還…… (2) 不但……也……	運動**不但**可以減肥，**也**可以健身。

第二階段句型整理(一)。

句型	相關詞	例句
1.並列句	(1)一會兒……一會兒……	他在公園一會兒騎車，一會兒跑步。
2.因果句	(1)難怪…… (2)既然……那麼…… (3)總是……因此……都……	你既然這麼想要買一輛車，那麼就要努力存錢。
3.承接句（連貫句）	(1)於是…… (2)只好…… (3)果然…… (4)一……就…… (5)直到……才…… (6)每到……總有…… (7)自從有了……再也不…… (8)先……再……然後……	妹妹一回到家就先去找東西吃。
4.假設句	(1)要不然…… (2)再……也…… (3)趁……不然…… (4)如果……不就…… (5)要不是……哪能…… (6)假如……不就可以……	趁現在有空要趕緊吃飯，不然等下一忙我們就沒時間吃飯了。

句型	相關詞	例句
5. 條件句	(1) 才能…… (2) 只要……就…… (3) 幸好……才…… (4) 不管……都會…… (5) 每次……都會……	只要努力運動，身體就會越來越健康。
6. 轉折句	(1) 居然…… (2) ……卻…… (3) 雖然……但是…… (4) 雖然……還是…… (5) 一直……卻……	雖然他沒有錢，但還是想上大學。
7. 目的句	(1) 為了……只好……	為了省錢，我只好都搭乘公車去上班。
8. 遞進句	(1) 更…… (2) 連……都…… (3) 除了……外…… (4) 不但……還能……	運動不但能減肥，還能健身。

第二階段句型整理(二)。

句型	相關詞	例句
1. 並列句	(1) 既……又…… (2) 時而……時而…… (3) 一面……一面…… (4) 有時候……有時候……有時候…… (5) 早也……晚也……坐也……躺也……	他在公園**一面**騎車，**一面**唱歌。
2. 承接句（連貫句）	(1) 於是…… (2) 一……便…… (3) 後來在……下…… (4) 起先……漸漸…… (5) 以前……現在…… (6) 先……接著……然後……	妹妹**一**到學校，**便**先看書。
3. 假設句	(1) 即使…… (2) 再……也……	**即使**明天天氣不好，我們**也**要去公園玩。
4. 條件句	(1) 只要……就…… (2) 不管……總是…… (3) 不論……或是……都是……	**只要**努力運動，身體**就**會越來越健康。

句型	相關詞	例句
5. 轉折句	(1)但是…… (2)竟然…… (3)其實…… (4)但……卻…… (5)雖然……卻…… (6)雖然……但是……	他雖然沒有錢，但是始終沒有放棄上大學的夢想。
6. 目的句	(1)為了…… (2)以免…… (3)為了……只好…… (4)應當……好讓…… (5)由於……因而……	為了方便起見，我現在都搭乘公車去上班。
7. 遞進句	(1)不只……也…… (2)竟然……還…… (3)不僅……還…… (4)不但……還…… (5)不但……而且…… (6)可以……並且…… (7)除了……外……還……	運動不但可以減肥，還可以健身。

第三階段句型整理(一)。

句型	相關詞	例句
1. 並列句	(1)既……又…… (2)如……如…… (3)是……而不是…… (4)總比……還要……還要…… (5)或……或……或……還……	雲**總比**我們想像得**還要**輕柔，**還要**多變。
2. 因果句	(1)因此……	看到這一封信，**因此**讓我想到一位久違的摯友。
3. 承接句（連貫句）	(1)才…… (2)就…… (3)於是…… (4)一有……隨即…… (5)先……然後…… (6)只見……就……	**只見**他輕輕一揮，球**就**立即飛到九霄雲外。
4. 假設句	(1)就算……也…… (2)如果……就……	**就算**再怎麼艱難的任務，他**也**會努力達成使命。
5. 條件句	(1)要……不然…… (2)只要……就…… (3)只有……才…… (4)不論……都…… (5)除非……否則…… (6)每當……從不…… (7)本想……可是……只好……	**除非**你夜以繼日的鑽研，**否則**不可能發明出這樣的新科技。

句型	相關詞	例句
6. 轉折句	(1)……卻…… (2)然而…… (3)但是…… (4)可是……卻…… (5)原是……卻像…… (6)不再……反而…… (7)雖然……還…… (8)雖然……但…… (9)雖然……只有……但是……	這裡的氣候不再像以往那麼寒冷，反而愈來愈暖和。
7. 目的句	(1)以免……	他每天睡覺前都要調鬧鐘，以免隔天睡過頭。
8. 遞進句	(1)甚至…… (2)何況…… (3)有……更有…… (4)不但……還…… (5)不但……也…… (6)不但……而且…… (7)不僅……還…… (8)除了……還…… (9)除了……外……更（也）…… (10)比……更……更……更……	妹妹除了喜歡唱歌外，更喜歡跳舞。
9. 選擇句	(1)是……還是……	今天是星期六，還是星期日？

第三階段句型整理㈡。

句型	相關詞	例句
1. 並列句	(1)既……又…… (2)是……也是…… (3)有……還有…… (4)不是……而是…… (5)一邊……一邊…… (6)那麼……那麼…… (7)不管是……或是……	**不管是**青菜**或是**水果，都是我最愛吃的食物。
2. 因果句	(1)因為……而…… (2)由於……因此…… (3)既然……就……	**由於**魷魚太好吃，**因此**媽媽買了十包回家。
3. 承接句（連貫句）	(1)接著…… (2)於是…… (3)一……就…… (4)先……再……	弟弟領到了紅包，**於是**到便利商店買了一包糖果。
4. 假設句	(1)說不定…… (2)如果……就…… (3)即使……也…… (4)縱使……依舊……	明天**說不定**是好天氣，我們就可以不必帶傘出門。

句型	相關詞	例句
5. 條件句	(1)要……才能…… (2)只要……就…… (3)只有……才…… (4)唯有……才能…… (5)無論……都…… (6)不管……都能…… (7)還得……才能……	無論他多麼有錢，都無法買回自己的生命。
6. 轉折句	(1)然而…… (2)不過…… (3)其實…… (4)仍然…… (5)不在於……而是…… (6)雖然……也……還……	老虎先生吃到的，其實是沾了眼淚的麵包。
7. 目的句	(1)以免…… (2)為了……而……	他為了考上理想的大學，而每天廢寢忘食的念書。
8. 遞進句	(1)更…… (2)甚至…… (3)除了……還要…… (4)不僅……（也）更讓…… (5)不但……連…… (6)不但沒……反而……	媽媽不但沒忘記弟弟的生日，反而買了一個蛋糕回家。
9. 選擇句	(1)或是……	這件工作是你或是其他人負責？

日期：＿＿年＿＿月＿＿日

請完成九大句型造句。

1. 並列句

(1) 一起……一起……

(2) 一邊……一邊……

(3) 一面……一面……

(4) 又……又……

(5) 既……又……

(6) 有的……有的……

(7) 時而……時而……

(8) 那麼……那麼……

(9) 一會兒……一會兒……

(10) 是……也是……

(11) 是……而不是……

(12) 不是……而是……

(13) 不管是……或是……

(14) 有……有……還有……

(15) 有時候……有時候……有時候……

(16) 或……或……還……

(17) 總比……還要……還要……

(18) 早也……晚也……坐也……躺也……

2. 因果句

(1) 因此……

(2) 難怪……

(3) 不由得……

(4) 既然……就……

(5) 既然……那麼……

(6) 因為……而……

(7) 由於……因此……

(8) 總是……因此……都……

3. 承接句（連貫句）

(1) 只好……

(2) 於是……

(3) 果然……

(4) 一……就……

(5) 一……便……

(6) 先……再……

(7) 直到……才……

(8) 每到……總有……

(9) 後來在……下……

(10) 起先……漸漸……

(11) 以前……現在……

(12) 自從有了……再也不……

(13) 先……再……然後……

(14) 先……接著……然後……

4. 假設句

(1) ……卻……

(2) 要不然……

(3) 說不定……

(4) 即使……

(5) 即使……也……

(6) 就算……也……

(7) 再……也……

(8) 趁……不然……

(9) 如果……就……

(10) 如果……不就……

(11) 假如……不就可以……

(12) 要是……就……

(13) 要不是……哪能……

(14) 縱使……依舊……

5. 條件句

(1) 才能……

(2) 要……才能……

(3) 要……不然……

(4) 還好……才……

(5) 幸好……才……

(6) 還得……才能……

(7) 唯有……才能……

(8) 只有……才……

(9) 只要……就……

(10) 只要……都……

(11) 不管……都……

(12) 不管……都會……

(13) 不管……都能……

(14) 不管……總是……

(15) 每次……都會……

(16) 無論……都……

(17) 不論……都……

(18) 除非……否則……

(19) 每當……從不……

(20) 不論……或是……都是……

(21) 本想……可是……只好……

6. 轉折句

(1) ……卻……

(2) 但是……

(3) 然而……

(4) 仍然……

(5) 不過……

(6) 竟然……

(7) 其實……

(8) 居然……

(9) 一直……卻……

(10) 但……卻……

(11) 可是……卻……

(12) 雖然……卻……

(13) 雖然……但是……

(14) 雖然……還是……

(15) 原是……卻像……

(16) 不再……反而……

(17) 不在於……而是……

(18) 雖然……也……還……

(19) 雖然……只有……但是……

7. 目的句

(1) 為了……

(2) 以免……

(3) 為了……而……

(4) 為了……只好……

(5) 由於……因而……

(6) 應當……好讓……

8. 遞進句

(1) 也……

(2) 更……

(3) 甚至……

(4) 何況……

(5) 有……更有……

(6) 連……都……

(7) 比……還……

(8) 不只……也……

(9) 不只……還……

(10) 不但……也……

(11) 不但……連……

(12) 不但……還能……

(13) 不但……而且……

(14) 不但沒……反而……

(15) 竟然……還……

(16) 不僅……還……

(17) 不僅……更讓……

(18) 可以……並且……

(19) 除了……外……

(20) 除了……外……還……

(21) 除了……外……更……

(22) 比……更……更……更……

9. 選擇句

(1) 是……還是……

(2) 或是……

(二) 九大句型綜合練習

日期：＿＿年＿＿月＿＿日

試分辨下面複句的類型，把答案寫在括號內。

A. 因果複句	B. 並列複句	C. 承接（連貫）複句	D. 假設複句
E. 條件複句	F. 選擇複句	G. 轉折複句	H. 遞進複句
I. 目的複句			

1. 雖然今天下雨，但是弟弟仍然去踢足球。……（　　）
2. 他為了要成為一位專業的律師，所以每天熬夜苦讀。……（　　）
3. 運動除了能讓身體變得健康，還能讓身材更加苗條。……（　　）
4. 只要他用功讀書，就一定能夠使成績進步。……（　　）
5. 小林一回到家就去洗澡，再去吃飯。……（　　）
6. 如果沒有大家的努力，我們班不可能在大隊接力得第一。……（　　）
7. 今年的暑假，我們不是學游泳，就是學排球。……（　　）
8. 這隻灰白色的小動物不是兔子，而是老鼠。……（　　）
9. 由於小花對樂器有興趣，所以很快就學會了烏克麗麗。……（　　）

請在下面的句子中加上適當的關聯詞。

如果……就……　與其……不如……　不但……而且……

雖然……但……　一邊……一邊……　只要……就……

1. （　　）媽媽同意，我們明天（　　）可以去六福村玩。
2. 她洗澡時喜歡（　　）唱歌，（　　）運動。
3. 他很關心學校的事物，（　　）出錢（　　）出力。
4. （　　）明天下雨，我們（　　）不能去公園騎腳踏車。
5. （　　）他很想看這部電影，（　　）還是決定先把功課做完。
6. （　　）在這裡等待，（　　）趕快動手完成。

請完成九大複句句型造句。

1. 並列句

一邊……一邊……

2. 遞進句

既可以……又可以……

3. 轉折句

雖然……可是……

4. 假設句

如果……就……

5. 因果句

因為……所以……

6. 條件句

只要……就能……

7. 假設句

假如……就……

8. 承接句（連貫句）

先……再……

9. 目的句

為了……所以……

六、句型日記

請觀察圖片發揮想像力，結合指定的句型，完成你的句型小日記。

日期：＿＿年＿＿月＿＿日

因果句

因為……所以……

例句：因為游泳比賽快到了，所以我們到游泳池加緊練習。

時間：　　　　人物：

地點：

活動：

感受：

承接句（連貫句）

一……就……

例句：一進到市場，我就聽到叫賣聲，看到各式各樣的食物，聞到陣陣香味。

時間：　　　　人物：

地點：

活動：

感受：

並列句

有的……有的……

例句：公園有的小朋友在踢球，有的小朋友在跑步。

時間：　　　　人物：

地點：

活動：

感受：

請觀察圖片發揮想像力，結合指定的句型，完成你的句型小日記。

日期：＿＿年＿＿月＿＿日

轉折句

但是……

例句：我想慢慢逛街，但是已經到了打烊時間，我只好依依不捨離開百貨公司。

時間：　　　　人物：

地點：

活動：

感受：

選擇句

是……還是……

例句：昨天去海邊玩，姊姊問我是喜歡堆沙堡，還是喜歡撿貝殼？

時間：　　　　人物：

地點：

活動：

感受：

假設句

假如……

例句：假如你專心聽講，就可以得到好成績。

時間：　　　　人物：

地點：

活動：

感受：

日期：＿＿年＿＿月＿＿日

請觀察圖片發揮想像力，結合指定的句型，完成你的句型小日記。

條件句

只要……就……

例句：只要看到醫生，我就心跳加速。

時間：

人物：

地點：

活動：

感受：

遞進句

不但……更……

例句：跑步不但能減肥，更能紓解壓力。

時間：

人物：

地點：

活動：

感受：

並列句

一邊……一邊……

例句：奶奶一邊織毛衣，一邊看電視。

時間：

人物：

地點：

活動：

感受：

日期：＿＿年＿＿月＿＿日

請觀察圖片發揮想像力，結合指定的句型，完成你的句型小日記。

並列句

一邊……一邊……

例句：我們一邊欣賞可愛的動物，一邊拍照。

時間：

人物：

地點：

活動：

感受：

目的句

為了……

例句：為了能在畫畫比賽中得名，我加緊腳步趕工。

時間：

人物：

地點：

活動：

感受：

（自由繪圖）

（自定句型）

時間：

人物：

地點：

活動：

感受：

補充一：感受相關語詞（參考許宜編著之《作文應用詞語手冊》）。

一、**開心**：歡喜、愉快、開心、快樂、高興、眉開眼笑、興高采烈、心花怒放、心曠神怡、喜氣洋洋、歡天喜地、欣喜若狂、興致勃勃。

二、**難過**：悲哀、悲傷、悲痛、憂愁、憂傷、痛苦、傷心、憂心、泣不成聲、嚎啕大哭、痛哭流涕、淚珠串串、淚水縱橫、淚如溪流、悲痛欲絕、愁眉苦臉、憂心如焚、憂心忡忡、面帶愁容、愁眉苦臉、愁眉不展。

三、**愛慕**：羨慕、愛不釋手、戀戀不捨、依依不捨。

四、**恐懼**：驚慌、驚訝、害怕、恐懼、驚心動魄、驚魂未定、驚慌失措、驚喜交集、觸目驚心、心有餘悸。

五、**憤怒**：憤怒、生氣、怒氣沖沖、暴跳如雷、大發雷霆、勃然大怒、憤憤不平。

補充二：句型口訣。

（只要……就）是**條件句**；（因為……所以……）是**因果句**；

（假如……）是**假設句**；（一邊……一邊……）是**並列句**；

（是……還是……）是**選擇句**；（不但……更……）是**遞進句**；

（為了……）是**目的句**；（但是……）是**轉折句**；

（一……就……）是**承接句**（**連貫句**）。

七、修辭教學

單元一：類疊法
單元二：譬喻法
單元三：感嘆法
單元四：設問法
單元五：摹寫法
單元六：轉化法
單元七：誇飾法
單元八：映襯法
單元九：層遞法
單元十：鑲嵌法
單元十一：排比法
單元十二：引用法
單元十三：對偶法
單元十四：頂真法
單元十五：借代法
修辭法綜合練習

單元一：類疊法

日期：＿＿年＿＿月＿＿日

一、認識類疊法

類疊法是指同一個字詞、語句接二連三的反覆使用。有間隔使用的是「類」，無間隔使用的是「疊」。

1.	疊字	「高高興興」，無間隔連接使用，稱為疊字。
2.	類字	「人山人海」，間隔使用，稱為類字。
3.	疊句	少年不識愁滋味，愛上層樓，愛上層樓，為賦新詞強說愁。
4.	類句	你是明月，照亮黑暗的天；你是明月，照亮我的心房。

二、類疊法練習

（一）疊字練習

●暖和和的（　　　　）　●冷冰冰的（　　　　）　●烏溜溜的（　　　　）

●紅通通的（　　　　）　●綠油油的（　　　　）　●黑漆漆的（　　　　）

●白花花的（　　　　）　●黃澄澄的（　　　　）　●熱騰騰的（　　　　）

●（　　）的（　　　　）　●（　　）的（　　　　）

（二）類字練習

1. 我們在家一邊（　　　　），一邊（　　　　）。
2. 假日時，我有時去（　　　　），有時去（　　　　）。
3. 媽媽買的水果又（　　　　）又（　　　　）。
4. 不管（　　　　），不管（　　　　），我都要（　　　　）。

（三）疊句練習

1. 盼望著！盼望著！（　　　　　　）。

2. 一路走著！一路走著！（　　　　　　）就出現在眼前。

（四）類句練習

媽媽像天上的星星，（　　　　　　），媽媽像天上的星星，（　　　　　　）。

（五）看圖創作：請用類疊法創作小日記（熱騰騰、香噴噴、一邊……一邊……）

今天是（　　　），我和（　　　）、（　　　）、（　　　）在家做蛋糕。

單元二：譬喻法

日期：＿＿年＿＿月＿＿日

一、認識譬喻法

把一件事物比作另一件事物，稱為譬喻法，可分為四種：明喻、暗喻、略喻、借喻。譬喻由「喻體」、「喻詞」和「喻依」組成，例如：在「弟弟像一隻頑皮的小猴子」中，「弟弟」是說明的主體，稱作「喻體」；「猴子」是「喻依」，說明主體的另一事物；「像」是「喻詞」，是連接喻體和喻依的語詞。「喻詞」包含好像、彷彿、如等詞。

1. 明喻	喻體、喻依、喻詞都會出現。 例句：我們就像兩隻無尾熊擠在一起取暖。
2. 暗喻	只有喻體和喻依，沒有喻詞。用「是」代替喻詞。 例句：老師是園丁，我們是花朵。
3. 略喻	省略喻詞，只有喻體、喻依。 例句：女人心，海底針。
4. 借喻	省略喻體、喻詞，只剩下喻依。 例句：上天的眼淚滋潤了大地。

1. 我們就像兩隻無尾熊擠在一起取暖。

喻體是（　　　）、喻詞是（　　　）、喻依是（　　　）

2. 老師是園丁，我們是花朵。

喻體是（　　　）、喻依是（　　　）

3. 女人心，海底針。

喻體是（　　　）、喻依是（　　　）

4. 上天的眼淚滋潤了大地。

喻依是（　　　）

二、譬喻法練習：請將明喻的句子寫「1」、暗喻的句子寫「2」。

1.（　）老師是橡皮擦，總是擦去我的錯誤。

2.（　）螢火蟲像一盞燈籠。

3.（　）爸爸好像黑夜的一顆星。

4.（　）眼睛是靈魂之窗。

5.（　）媽媽如螞蟻般勤勞地工作。

6.（　）聽到要考試，弟弟急得像熱鍋上的螞蟻。

7.（　）妹妹是一隻快樂小小鳥，在天上自在飛翔。

8.（　）時間就像流水，一去不復返。

三、教師卡製作：使用譬喻法，完成卡片內容。

（參考答案：燈塔指引人生方向、百科全書傳遞知識、陽光溫暖我的心房、魔術師變出把戲）

親愛的（　　　）：

今天是（　　）節，我想要對您說：

您就像（　　）的（　　），（　　）；

您就像（　　）的（　　），（　　）；

您就像（　　）的（　　），（　　）。

謝謝您，生命中有您，真是一件幸福的事。祝您

（　　　）

（　　）（　　）敬上

年　月　日

四、記憶策略練習：請看圖片，完成數字詩的寫作。

像（球棒）

像（　）

像（　）

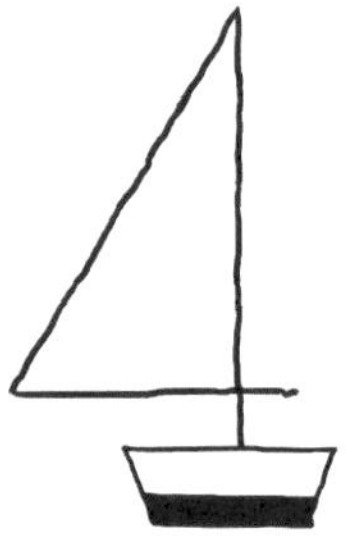

像（　）

像（　）

像（　）

像（　）

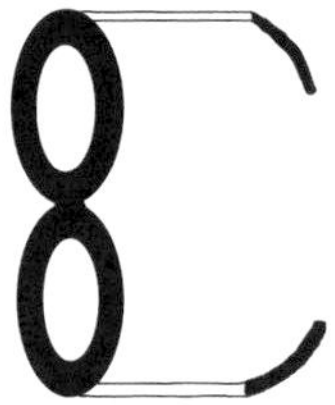

像（　）

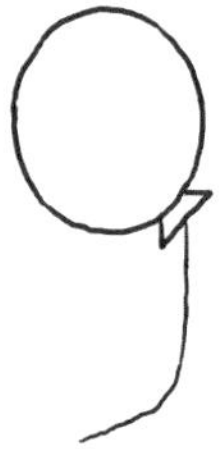

像（　）

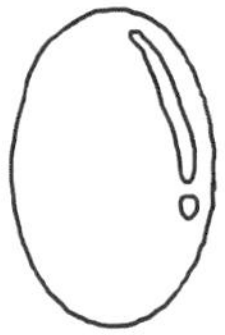

像（　）

（1）像（球棒），（可以打棒球）；

（　）像（　），（水中游）；

（　）像（　），（可以聽音樂）；

（　）像（　），（水中飄）；

（　）像（　），（　）；

（　）像（　），（　）；

（　）像（　），（　）；

（　）像（　），（　）；

（　）像（　），（　）。

單元三：感嘆法

日期：____年____月____日

一、認識感嘆法

遇到喜、怒、哀、樂之事，常會以呼聲來表達情感，使文章更生動。

二、感嘆法練習

1. 喜的表達：今天大隊接力我們班得到第一名，我真是開心呀！
   哇！好美的花呀！
2. 怒的表達：跟你說過不可以偷東西，你怎麼都不聽話呀！
3. 哀的表達：聽到她車禍住院的消息，我不禁悲從中來！
   唉！又輸了一場比賽。
4. 樂的表達：今天真是快樂啊！在六福村度過了一個難忘的生日。

情緒	情境	表達
緊張	考試時想不到答案	眼看時間一分一秒過去，**我緊張得直發抖呀！**
害怕	上台報告時	
生氣		
驚訝		
難過		
快樂		
哀傷		
讚美		

單元四：設問法

日期：＿＿年＿＿月＿＿日

一、認識設問法

改用「問句」來引起讀者注意，可分為三種：提問、疑問、反問。

提問	自問自答，表示問題之後，附有答案。 例句：**我的爸爸在哪裡？我的爸爸在家裡**。
疑問	又叫「懸問」，有疑問而不回答，表示心中真有疑惑。 例句：不知道這次期中考，**誰考得最高分？**
反問	又叫「激問」，明知故問，表示答案在問題反面。 例句：國語成績沒有達到老師規定的分數，**心裡能不擔心嗎？**

二、設問法練習

活動一：請把肯定句改成疑問句（疑問法練習）

● 肯定句：爸爸喜歡吃香蕉。

疑問句：（＿＿＿＿＿＿＿＿＿＿）。

● 肯定句：一到假日，哥哥就會去打球。

疑問句：（＿＿＿＿＿＿＿＿＿＿）。

● 肯定句：成功就是把一件事從頭做到好。

疑問句：（＿＿＿＿＿＿＿＿＿＿）。

活動二：四季童詩創作（提問法練習）

春天在哪裡？

春天在陽明山的杜鵑花叢裡。

看！蝴蝶在花叢間快樂的飛舞。

夏天在哪裡？

夏天在（　　）的（　　）。

看！（　　）在（　　）快樂的（　　）。

秋天在哪裡？

秋天在（　　）的（　　）。

看！（　　）在（　　）快樂的（　　）。

冬天在哪裡？

冬天在（　　）的（　　）。

看！（　　）在（　　）快樂的（　　）。

活動三：提問法練習

1. 什麼是合作？合作就是（　　　　）
為什麼要合作？因為（　　　　）
2. 什麼是孝順？孝順就是（　　　　）
為什麼要孝順？因為（　　　　）
3. 什麼是成功？成功就是（　　　　）
4. 什麼是幸福？幸福就是（　　　　）

活動四：反問法練習

1. 合作不就是（　　　　）
2. 孝順不就是（　　　　）
3. 成功不就是（　　　　）
4. 幸福不就是（　　　　）
5. （　　　）不就是（　　　　）
6. （　　　）不就是（　　　　）

單元五：摹寫法

日期：＿＿年＿＿月＿＿日

一、認識摹寫法

在描寫人物或現象時，加入聲音、顏色、形體等各種感受來形容，包括：

聽覺、觸覺、視覺、味覺和嗅覺等感受。

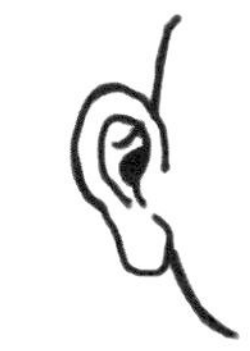	我聽到（聽覺）	嘩啦嘩啦的雨聲
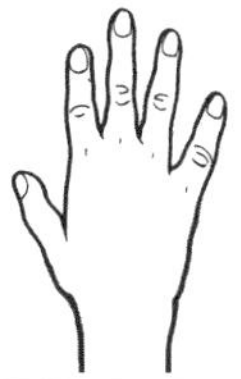	我摸到（觸覺）	涼涼的水
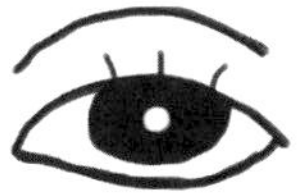	我看到（視覺）	紅紅的花
	我吃到（味覺）	甜甜的水果
	我聞到（嗅覺）	淡淡的花香

二、摹寫法練習

＊摹聲

（　　）的（蚊子叫）聲。

（　　）的（打雷）聲。

（　　）的（鳥叫）聲。

（　　）的（雨）聲。

（　　）的（風）聲。

（　　）的（心跳）聲。

（　　）的（　　）聲。

（　　）的（狗叫）聲。

（　　）的（貓叫）聲。

（　　）的（蜜蜂）聲。

（　　）的（鞭炮）聲。

（　　）的（門鈴）聲。

（　　）的（鐘）聲。

＊摹視：（黑漆漆、綠油油、黃澄澄、亮晶晶、紅通通、白花花）

我看到（　　　）的（　　　）。

我看到（　　　）的（　　　）。

我看到（　　　）的（　　　）。

我看到（　　　）的（　　　）。

我看到（　　　）的（　　　）。

我看到（　　　）的（　　　）。

＊摹觸：如軟、細、粗、硬、冰、涼、熱……等。

1. 樹幹摸起來（　　　）的。
2. 小貓的毛摸起來（　　　）的。
3. 棉花摸起來（　　　）的。
4. 溪水摸起來（　　　）的。
5. 妹妹的頭髮摸起來（　　　）的。

＊摹味：連一連，把食物與感覺、滋味連起來。

1. 香雞排	●	●	酸酸甜甜
2. 牛肉麵	●	●	香香脆脆
3. 草　莓	●	●	苦苦澀澀
4. 冰淇淋	●	●	冰冰涼涼
5. 苦　瓜	●	●	香香辣辣

☆請寫出「酸、甜、苦、辣」的聯想，看誰寫的多。

1. 酸的聯想：（草莓、　　　　　　　　　　）

2. 甜的聯想：（糖果、　　　　　　　　　　）

3 苦的聯想：（　　　　　　　　　　　　　）

4. 辣的聯想：（　　　　　　　　　　　　　）

＊摹嗅：利用嗅覺來加以描述，如香、臭、刺鼻、撲鼻。

1. 走進花園，一陣陣（　　　　）迎面而來，讓人感到（　　　　）。

2. 走進麵包店，一陣陣（　　　　）迎面而來，讓人感到（　　　　）。

3 走進醫院，一陣陣（　　　　）迎面而來，讓人感到（　　　　）。

4. 走進漁市場，一陣陣（　　　　）迎面而來，讓人感到（　　　　）。

★摹寫法短文練習：請以「逛市場」為主題，運用摹寫法，寫出一段小短文。

☆（摹聽）我聽到：
☆（摹觸）我摸到：
☆（摹視）我看到：
☆（摹味）我吃到：
☆（摹嗅）我聞到：

單元六：轉化法

日期：＿＿年＿＿月＿＿日

一、認識轉化法

分為擬人、擬物及形象化三種。擬人：將動物、植物和物品等當成「人」來寫；擬物：將人當成「物品」來寫；形象化：又稱為「擬虛為實」，就是把摸不著、看不見的抽象事物，變得實在、具體。

擬人	擬物	形象化
●小鳥喜歡跟同伴們聊天、唱歌和比賽跳舞。 ●春天來了，小草偷偷從泥土裡鑽了出來，伸伸懶腰。 ●枝頭上的小鳥唱著快樂的歌，一副無憂無慮的樣子。 ●太陽的臉漲紅起來了，紅通通的好可愛。 ●天色漸黑，羊隊和牛群告別了田野回家了。	●聽到同學車禍的消息，他的心瞬間碎了。 ●要是作業再生不出來，你明天就不用來上課了。 ●他燃燒自己、照亮世界，令我們敬佩不已。 ●妹妹鼻子的水龍頭一開，就流個不停。 ●在天願作比翼鳥，在地願為連理枝。（白居易《長恨歌》）	●我的時間滴在時間的洪流裡，沒有聲音也沒有影子。 ●把她的愛心與期望一針一線的縫進衣服裡。 ●我的快樂，會回來的。 ●我相信幸運之神，會降臨在我身上。

二、轉化法練習1：請填入適當語詞，並選出正確修辭法。

1. 螞蟻每天辛苦（　　　　　），準備過冬。（◯擬人法◯擬物法◯形象化）
2. 小草（　　　　　　　　），向太陽公公打招呼。（◯擬人法◯擬物法◯形象化）
3. 有一輛老爺車（　　　　　），躺在路邊休息。（◯擬人法◯擬物法◯形象化）
4. 可憐的風沒有家，只好到處（　　　　　　　）。（◯擬人法◯擬物法◯形象化）
5. 鼻子的水龍頭打開，（　　　　　　　　）。（◯擬人法◯擬物法◯形象化）
6. 痛苦，不會自己（　　　　　　　　　）。（◯擬人法◯擬物法◯形象化）
7. 平靜如水的情感，激起了一波波（　　　　　）。（◯擬人法◯擬物法◯形象化）
8. （　　　　　）是流水，一去不復返。（◯擬人法◯擬物法◯形象化）
9. 弟弟這隻小猴子讓媽媽傷透（　　　　　　　）。（◯擬人法◯擬物法◯形象化）

三、轉化法練習2：請造出擬人法、擬物法和形象化的句子。

1.	擬人法：
2.	擬物法：
3.	形象化：

單元七：誇飾法

日期：＿＿年＿＿月＿＿日

一、認識誇飾法

運用誇張和超過客觀現實的詞語來形容事物，分為放大和縮小兩種。

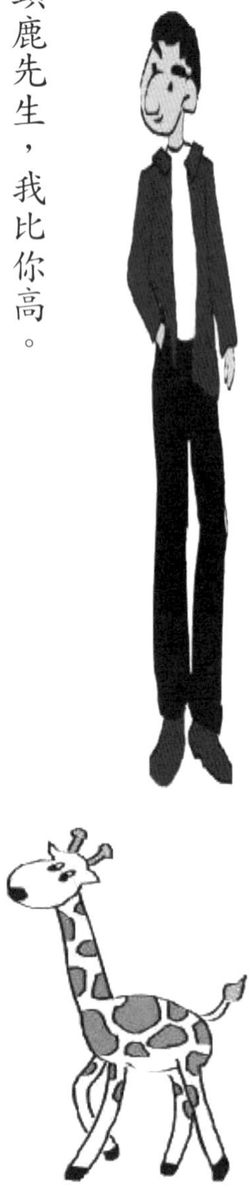

長頸鹿先生，我比你高。

二、誇飾法練習

活動一：吹牛大會

哥哥的身高很高，比（　　）還高。

哥哥的體重很重，比（　　）還重。

哥哥的鼻子很大，比一顆（　　）還大。

哥哥的眼睛很小，比（　　）還要小。

哥哥的食量很大，一餐可以吃下一頭（　　）。

哥哥的力氣很大，可以推到（　　）。

哥哥是運動高手，跑得比（　　）還快。

活動二：成語造句

1. 高聳入雲：（　　）。
2. 揮汗如雨：（　　）。
3. 度日如年：（　　）。
4. 淚如雨下：（　　）。

單元八：映襯法

日期：＿＿年＿＿月＿＿日

一、認識映襯法

又稱「對比法」，即是把兩種不同的（特別是相反的）觀念或事實，放在一起比較。

【例句】：「他雖然年紀小，但是力氣很大。」

二、映襯法練習

例句：（樂觀）的人生是（彩色）的，（悲觀）的人生是（黑白）的。

（成功）的人（把握機會），（失敗）的人（等待機會）。

1.（　　）是廣大的；（　　）是渺小的。

2.（　　）是炎熱的；（　　）是寒冷的。

3.（　　）是富足的；（　　）是貧窮的。

4.（　　）是安靜的；（　　）是吵鬧的。

5.（　　）是快樂的；（　　）是痛苦的。

6.（　　）是（　　）的；（　　）是（　　）的。

7.（　　）是（　　）的；（　　）是（　　）的。

8.（　　）是（　　）的；（　　）是（　　）的。

9.（　　）是（　　）的；（　　）是（　　）的。

10.（　　）是（　　）的；（　　）是（　　）的。

單元九：層遞法

日期：＿＿年＿＿月＿＿日

一、認識層遞法

將所要說明的事物，以大小輕重等比例依序層層遞進（或遞減）來描述。

【例句】：「一年有四個季節：春、夏、秋、冬。」（以先到後）

「一生之計在於勤，一年之計在於春，一日之計在於晨。」

（以時間長到短）

二、層遞法的使用

1. 人的一生中都經歷了童年、少年、中年、老年四個階段。
2. 一個和尚挑水吃，兩個和尚抬水吃，三個和尚沒水吃。
3. 吾十有五而志於學，三十而立，四十而不惑，五十而知天命，六十而耳順，七十而從心所欲，不踰矩。《論語　為政篇》
4. 古之欲明明德於天下者，先治其國；欲治其國者，先齊其家；欲齊其家者，先修其身；欲修其身者，先正其心；欲正其心者，先誠其意；欲誠其意者，先致其知。《禮記　大學》

三、層遞法練習

1. 叔叔喜歡做菜，他總是**先**（　　），**再**（　　），**然後**（　　），**最後**端出一盤香噴噴的佳餚。
2. 一年有四個季節：（　　）、（　　）、（　　）、（　　）。
（　　）播種，（　　）耕耘，（　　）收成，（　　）休息。
3. 燙傷的處理方式是：（　　）、（　　）、（　　）、（　　）、（　　）。
4. 洗手的順序是：（　　）、（　　）、（　　）、（　　）、（　　）。

單元十：鑲嵌法

日期：＿＿年＿＿月＿＿日

一、認識鑲嵌法

在語詞中，插入數目字、虛字、特定字、同義字或異義字來拉長文句。

【例句】：「妹妹不見了，媽媽心裡急得[七]上[八]下。」

二、鑲嵌法練習：請利用提示語寫出鑲嵌成語。

上下（七上八下）	拉扯（　　）
奔走（　　）	腔調（　　）
擁抱（　　）	因果（　　）
顏色（　　）	時刻（　　）
手腳（　　）	牛毛（　　）
歡喜（　　）	波折（　　）
妻妾（　　）	絲毫（　　）
拼湊（　　）	思想（　　）
呼喚（　　）	子孫（　　）
山水（　　）	乾淨（　　）
言語（　　）	言語（　　）
長短（　　）	奇怪（　　）
分裂（　　）	清楚（　　）

單元十一：排比法

日期：＿＿＿年＿＿＿月＿＿＿日

一、認識排比法

運用結構相似、詞性相近的語句，接二連三的表達相關內容。

【例句】：「小船尖尖在水邊，粽子尖尖街上賣，鉛筆尖尖我面前。」

溫暖的春天花綻放，路邊的大樹長新芽；	炎熱的夏天汗留下，水中的孩子樂開懷；	涼爽的秋天楓葉紅，樹林的落葉飄呀飄；	寒冷的冬天雪飄下，山上的孩子打雪仗。

二、排比法練習

1. 因為（有了解）所以（有關懷）；因為（有　　　）所以有（　　　）；
因為（　　　）所以有（　　　）；因為（有希望）所以明天會更好。

2. （　紅　）色之於（　小花　）；（　　　）色之於（　　　）；
（　　　）色之於（　　　）；（　　　）色之於（　　　）。

3. 愛迪生之於（　科學家　）；貝多芬之於（　　　）；
畢卡索之於（　　　）。

單元十二：引用法

日期：＿＿年＿＿月＿＿日

一、認識引用法

在語文中引出並運用別人的話語或成語、俗語、故事、歌謠等，可分為：明引，有說明出處；暗引，未說明出處。

【例句】：「哲學家培根說：『知識就是力量。』」（明引）

「遭遇挫折時，千萬不可灰心、氣餒，別忘了『失敗為成功之母』。」（暗引）

二、引用法練習

1. 愛迪生說：「天才等於百分之一的靈感，和百分之九十九的汗水。」

所以我們要（　　　　　　　　　　　　　　　　　　　　　　　　）

2. 愛迪生說：「教育之於心靈，猶如雕刻之於大理石。」

所以我們要（　　　　　　　　　　　　　　　　　　　　　　　　）

3. 愛迪生說：「失敗的人，並不知道他們放棄的時候，距離成功有多近。」

所以我們要（　　　　　　　　　　　　　　　　　　　　　　　　）

4. 孝經：「身體髮膚受之父母，不敢毀傷，孝之始也。」

所以我們要（　　　　　　　　　　　　　　　　　　　　　　　　）

5. 傅玄說：「近朱者赤，近墨者黑。」

所以我們要（　　　　　　　　　　　　　　　　　　　　　　　　）

單元十三：對偶法

日期：＿＿年＿＿月＿＿日

一、認識對偶法

對偶是指上下語詞字數相等，詞性相同，平仄相反。

句中對	同一句中的上下兩個短語互相對偶，例如：「**耳聰目明**。」
單句對	一句對一句的對偶，上下兩句，字數相等、詞性相同、平仄相反，例如：「**白日依山盡，黃河入海流**。」
隔句對	指二句對二句的對偶。第一句對第三句，第二句對第四句，例如：「**從前種種，譬如昨日死；以後種種，譬如今日生**。」
長對	奇句對奇句，偶句對偶句，至少三組相對，例如：「**風聲、雨聲、讀書聲，聲聲入耳；家事、國事、天下事，事事關心**。」（顧憲成　無錫東林書院楹聯）

二、對偶法練習

過故人莊　　唐　孟浩然

故人具雞黍，邀我至田家。
綠樹村邊合，青山郭外斜。
開軒面場圃，把酒話桑麻。
待到重陽日，還來就菊花。

➜請寫出對偶句（　　　　）
（　　　　）

單元十四：頂真法

日期：＿＿年＿＿月＿＿日

一、認識頂真法

用前一句的結尾來做下一句的起頭。

【例句】：「發給我們每人一個杯子。杯子高約十公分，裝著清涼的果汁。」

「我喜歡看花，看花的各種姿態。」

「我為人人，人人為我。」

「來者不善，善者不來。」

斯托貝：「財富不是朋友，朋友卻是財富。」

二、頂真法練習

家　作詞：佚名

我家門前有小河，後面有**山坡**。
山坡上面野花多，野花紅似火。
小河裡，有白**鵝**，**鵝**兒戲綠波。
戲弄綠波，鵝兒快樂，昂首唱清歌。

➜ **請以童謠分析修辭**

句子：我家門前有小河，後面有山坡。⇩（　　　　）**法**

句子：野花紅似火。⇩（　　　　）**法**、（　　　　）**法**

句子：小河裡，有白**鵝**，**鵝**兒戲綠波。⇩（　　　　）**法**、（　　　　）**法**

句子：戲弄綠波，鵝兒快樂，昂首唱清歌。⇩（　　　　）**法**、（　　　　）**法**

單元十五：借代法

日期：＿＿年＿＿月＿＿日

一、認識借代法

放棄通常使用的本名或語句不用，而另找其他足以表現事物特色的名稱或語詞來代替。

【例句】：「樹幹上真的有蟬、甲蟲和一隻鐵甲武士——鍬形蟲。」

二、借代法練習

借代詞	對象	借代詞	對象
祝融	火	收到「紅色炸彈」	
白衣天使		祭「五臟廟」	
「巾幗」不讓「鬚眉」		「桃李」滿天下	
情人眼中出「西施」		「紅顏」薄命	
白玉盤		化「干戈」為玉帛	
絲竹		夢周公	
樑上君子		手足	
把酒話「桑麻」		四眼田雞	
布衣、白丁		愛情與「麵包」	
杏林		「黃湯」下肚	
杏壇		千里共「嬋娟」	
兩腳書櫥		丟了「烏紗帽」	

修辭法綜合練習

日期：＿＿年＿＿月＿＿日

分辨下列修辭法的類型，把答案寫在括號內。

A. 類疊法	B. 譬喻法	C. 感嘆法	D. 設問法	E. 摹寫法
F. 轉化法	G. 誇飾法	H. 映襯法	I. 層遞法	J. 鑲嵌法
K. 排比法	L. 引用法	M. 對偶法	N. 頂真法	O. 借代法

1. 媽媽做的百香果汁，酸酸甜甜真好喝。……（　）、（　）
2. 但願人長久，千里共「嬋娟」。……（　）
3. 今天大隊接力我們班得到第一名，我真是開心呀！……（　）
4. 哥哥的食量很大，一餐可以吃下一頭牛。……（　）
5. 老師是園丁，我們是花朵。……（　）
6. 一看到他最不會的數學題目，他的腦袋瞬間就當機了。……（　）
7. 豪雨過後，大家七手八腳地忙著清理家園。……（　）
8. 聽到要考試，弟弟急得像熱鍋上的螞蟻。……（　）
9. 國語成績沒有達到老師規定的分數，心裡能不擔心嗎？……（　）
10. 燕子去了，有再來的時候；楊柳枯了，有再青的時候；桃花謝了，有再開的時候。……（　）
11. 白日依山盡，黃河入海流。……（　）
12. 妹妹喜歡回家，家是妹妹的避風港。……（　）、（　）
13. 一年有四個季節：春、夏、秋、冬。……（　）
14. 成功的人把握機會，失敗的人等待機會。……（　）
15. 遭遇挫折時，千萬不可灰心、氣餒，別忘了「失敗為成功之母」。……（　）

根據修辭法提示完成造句。

1. 類疊法

◎例句：一路走著！一路走著！看見許多美麗的風景。（疊句）

(1) 疊字：

(2) 類字：

(3) 疊句：

(4) 類句：

2. 譬喻法

◎例句：弟弟像一隻頑皮的小猴子。（明喻）

(1) 明喻：

(2) 暗喻：

(3) 略喻：

(4) 借喻：

3. 感嘆法

◎例句：今天真是快樂啊！在六福村度過了一個難忘的生日。

(1) 喜：

(2) 怒：

(3) 哀：

(4) 樂：

4. 設問法

◎例句：不知道這次期中考，會是誰考得最高分？（疑問）

(1) 提問：

(2) 疑問：

(3) 反問：

5. 摹寫法

◎例句：在外婆家附近，我看到一大片綠油油的稻田。（摹視）

(1) 摹視：

(2) 摹聽：

(3) 摹嗅：

(4) 摹味：

(5) 摹觸：

6. 轉化法

◎例句：天色漸暗，羊隊和牛群告別了田野回家了。（擬人）

(1) 擬人：

(2) 擬物：

(3) 形象化：

7. 誇飾法

◎例句：哥哥的力氣很大，可以推倒一棟樓。（放大）

(1) 放大：

(2) 縮小：

8. 映襯法

◎例句：樂觀的人生是彩色的，悲觀的人生是黑白的。

(1) 對比的人：

(2) 對比的事：

9. 層遞法

◎例句：一生之計在於勤，一年之計在於春，一日之計在於晨。（遞減）

(1) 遞增：

(2) 遞減：

10. 鑲嵌法

◎例句：妹妹很喜歡這件五顏六色的外套。

(1) 東奔西跑：

(2) 千言萬語：

(3) 一絲一毫：

(4) 一清二楚：

(5) 千奇百怪：

11. 排比法

◎例句：弟弟的床上擺滿了各式各樣的玩具，有可愛的恐龍，可以玩；有悅耳的音樂鈴，可以聽；有精彩的故事書，可以讀。

12. 引用法

◎例句：傅玄說：「近朱者赤，近墨者黑。」因此，我們要選擇益友。（明引）

(1)明引：

(2)暗引：

13. 對偶法

◎例句：從前種種，譬如昨日死；以後種種，譬如今日生。（隔句對）

(1)句中對：

(2)單句對：

(3)隔句對：

14. 頂真法

◎例句：小河裡，有白鵝，鵝兒戲綠波。

15. 借代法

◎例句：今天媽媽收到一枚「紅色炸彈」。

八、繪圖創作

繪圖創作

繪圖創作

MM
百貨

繪圖創作

企鵝館

繪圖創作

繪圖創作

繪圖創作

國家圖書館出版品預行編目（CIP）資料

句型 High 客：我的句型遊戲書／孟瑛如等著.
--三版. --新北市：心理, 2017.11
面；　　公分.　--（桌上遊戲系列；72164）
ISBN 978-986-191-799-3（平裝附句型海報 1 張）

1.漢語教學　2.句法　3.小學教學

523.31　　　　　　106020378

桌上遊戲系列 72164

句型 High 客：我的句型遊戲書（第三版）

作　　者：孟瑛如、范姜雅菁、邱佳寧、簡吟文、楊佩蓁
責任編輯：郭佳玲
總 編 輯：林敬堯
發 行 人：洪有義
出 版 者：心理出版社股份有限公司
地　　址：231 新北市新店區光明街 288 號 7 樓
電　　話：(02) 29150566
傳　　真：(02) 29152928
郵撥帳號：19293172　心理出版社股份有限公司
網　　址：http://www.psy.com.tw
電子信箱：psychoco@ms15.hinet.net
駐美代表：Lisa Wu（lisawu99@optonline.net）
排 版 者：辰皓國際出版製作有限公司
印 刷 者：辰皓國際出版製作有限公司
初版一刷：2015 年 2 月
二版一刷：2016 年 2 月
三版一刷：2017 年 11 月
I S B N：978-986-191-799-3
定　　價：新台幣 200 元（附句型海報 1 張）